◎历史学国家一流专业建设项目

◎毓秀史学拔尖人才培养建设项目

◎ 2018—2019 年河北省高等教育教学改革研究与实践项目“历史学科拔尖人才培养模式与机制研究（2018GJJG008）”结项材料

◎新文科研究与改革实践项目“教学实践与理论创新：历史学拔尖人才培养模式研究 (2021XWK009)”结项材料

毓秀史学传薪录

井陉于家石头村调查报告集

衣长春　张殿清　主编

河北大学出版社
·保定·

出 版 人：朱文富
责任编辑：王红梅
装帧设计：张彦琪
责任校对：杜启昌
责任印制：常　凯

图书在版编目（CIP）数据

毓秀史学传薪录：井陉于家石头村调查报告集 / 衣长春，张殿清主编．-- 保定：河北大学出版社，2022.12
ISBN 978-7-5666-2091-0

Ⅰ．①毓… Ⅱ．①衣… ②张… Ⅲ．①村史－井陉县 Ⅳ．① K292.25

中国国家版本馆 CIP 数据核字（2023）第 035789 号

出版发行：河北大学出版社
地址：河北省保定市七一东路 2666 号　邮编：071000
电话：0312-5073019　0312-5073029
邮箱：hbdxcbs818@163.com　网址：www.hbdxcbs.com
经　　销：全国新华书店
印　　刷：保定市北方胶印有限公司
幅面尺寸：170 mm × 240 mm
印　　张：17.25
字　　数：240 千字
版　　次：2022 年 12 月第 1 版
印　　次：2022 年 12 月第 1 次印刷
书　　号：ISBN 978-7-5666-2091-0
定　　价：68.00 元

《毓秀史学传薪录》丛书编委会

主任　肖红松

成员（按姓氏拼音排序）：

顾乃武　郭云艳　石冬梅　衣长春　张殿清

“于家石头村调研项目”导师组

组长　张殿清

成员（按姓氏拼音排序）：

范喜茹　顾乃武　刘　洁　吕志茹　彭小舟

孙艳萍　衣长春　张艳梅　左　华

前　言

河北大学历史学科具有重视实践教学的优良传统，除了完成教学大纲要求的毕业实习外，还积极拓展课程实践活动，引导学生走出“书斋”、走向“田野”、走进博物馆和档案馆，给学生创造切身感知文物和历史遗迹、接触历史档案的机会，推动学生将课堂所学与社会实践有机结合，以此助力学生心智和专业能力的全面成长。从学生反馈的信息来看，教学实践在培养学生的史学素养方面起到了重要作用。当优秀校友谈到本科学习时均对实践教学给予了高度评价，普遍认为实践教学不仅帮助他们习得了知识和技能，还增进了同学谊、师生情，同时助力他们成长为“社会人”。时隔多年，一些毕业生还能对当年实践教学的细节娓娓道来，可见这些活动对他们影响之深。尤为可贵的是，学生在实践教学中出色的专业表现促进了学科与博物馆、图书馆、档案馆等单位的交流与合作。截止到 2019 年，省内 20 多家文保单位与学院签约，成为河北大学历史学教学实习基地，极大丰富了学生的实践场所。

2019 年，我院历史学专业被确立为“国家级一流本科专业”后，教学实践踏上了发展的快车道。依照“国家级一流本科专业”建设标准，以立德树人为宗旨，立足河北省丰富的历史文化资源，依托中国史、世界史、考古文博三系，学院拟定了河北省历史名村、河北省县域碑刻、雄安革命文物、“一带一路”历史遗迹等系列调研项目。这些调研活动倡导教师和学生自愿结合，相互选择组成项目组。在前期工作准备充分的前提下，学院随时批准实施，并给予充足的资金支持。这项教学实践常态化的创新举措在潜移默化中提升了学生的学术能力和就业能力。

2020年，结合“一流本科专业史学拔尖人才创新班”规划，我院在组织部分教师调研赵州桥、柏林禅寺、土门关、隆兴寺等文物及遗存基础上，确定了将兼具爱国与历史情怀的古镇、古村落、古关口、驿道的历史发掘与整理、田野调查，列为“史学拔尖人才培养”建设的内容。经过充分论证，确定“于家石头村历史文化调研”作为本科生2021年教学实践的开局项目，而后成立导师组，组长为张殿清教授。

导师组选择于家石头村主要基于以下考虑：

第一，该村落的地理位置和建筑风格独特。石头村位于太行山腹地，建于明朝成化年间，距今已有五百多年的历史，其完整地保存了“石头搭建的历史”的整体风貌，是中国著名古村落。该村为适应干旱少雨的自然环境，构建了其他村落里少见的完善的水利设施。

第二，该村为“单姓”村落，住户均为“于”姓。在“于”姓大家族内，等级分化依然明显，对考察太行山宗族与村落的关联具有独特的标本价值。

第三，该村的村规、村约、家谱、宗祠、庙宇和戏台保存完整，且村内存有一定数量的碑刻。这有助于学生理解传统社会中农村的治理、宗族、信仰、教化、风俗等，还可以帮助学生理解民间文献的史料价值与局限，提升学生甄别史料的意识和能力。

第四，该村传说为明朝于谦后人为避难所建，崇尚英雄、艰苦奋斗之风盛行。在抗日战争中涌现出很多抗日英雄，在新中国建设时期也有很多先进人物出自此地。因此，对石头村的调研有助于培养学生的家国情怀和爱国主义精神。

第五，对该村调研可为新生提供高中向大学过渡的有效衔接。于家石头村已被学界所关注，研究成果能为专业能力尚待提高的新生提供可信的资料。从这一角度来看，调研石头村是站在巨人肩膀上前行，保障了调研的可行性和科学性。

确定调研地点后，导师组细化调研内容，确定了村落环境、妇女、宗族、信仰、水利、古村落开发等子项目，指导学生研读相关书籍，并多次召开项目解读会。

经过充分准备，2021 年调研组三赴石头村。在老师的指导下，学生参观于氏宗族祠堂，拜访于氏宗族族谱修编者，寻访戏曲传承人，搜集乡村剧社的珍贵文献，聆听知情老人讲述村民支援南山抗战部队的细节，踏寻古庙宇、于氏祖茔，登南山、缘溪行，探水池、勘察水窖，丈量住宅、房基地，细究石头村英文外宣文本中景点介绍、路牌、标示牌中存在的问题。

调研返校后，学生们结合专业知识撰写了调研报告，并在老师指导下几易其稿。目前这些报告语言通顺流畅，符合学术规范，基本达到出版要求。

从调研过程和调研报告来看，本次教学实践活动对学生道德品质的塑造和学科素养的培养大有裨益。

在调研过程中，学生通过考察于家石头村的生活变迁，感悟到村民的生存智慧和艰苦奋斗的精神。这种精神感染了每一位同学，鼓舞他们在酷暑中顺利地完成了调研任务。部分同学还主动参加村民的农田劳动，实现了大学劳动课与教学实践相结合，对培养学生的坚强意志和合作精神具有积极作用。

深化了学生对“史料”的理解。调研设计改变了学生先前被动接受史料的习惯，让他们主动成为史料的发现者和整理者。角色转变引发了同学们对史料本质的多维度认识，提升了学生对同一问题的多种文献进行比较的能力，有了史料考证的意识，对史料的价值和局限也有了初步判断。史料是史学的基础，提高理解史料的能力可以为以后的学习打下坚实的基础。

在调研报告撰写过程中，学生的历史“书写”能力得到提高。每个学科都有自己的“书写”规范。首先，历史学科书写要遵循“言之有据”的原则。其次，无论是历史叙述还是历史解释都要蕴含令人信服的逻辑链条。最后，历史书写重视引文和注释的规范。学生在撰写和修改调研报告的过程中，逐渐培养了上述规范意识，学会了在解读可靠史料的基础上阐发寓意。在布局谋篇时保持问题意识，引用学术权威文献，让注释信息完备。

尽管学生撰写报告非常努力，教师指导也非常用心，但文稿还存在诸多不成熟之处。其中最大的问题就是，面对相同的调研对象，单独成篇的调研报告不可避免地会有重合内容。为保证调研报告集的整体性，师生对报告集几经修改，但仍存在少量重复。同时，为留存学生成长的“史料”，导师组认为应尽可能保持学生创作的原貌，不越俎代庖。

常言道，教学相长，调研结束后，教师们也开始重新思考课堂设计、学生评价体系，如何实现“学科融合”，如何激发学生的创新意识，如何有效与学生沟通与交流等问题。思考结果会有效启发教师以后的教学实践。

总之，希望这次调研能在学生心中埋下“史学”的种子，期待三年后破土为清新的“小禾”，多年后，“小禾”再成长为史学之栋梁！尽管做事要秉持“只求耕耘，不问收获”的态度，但从事物发展的规律看，天道酬勤，我们付出了努力和艰辛，定会有令人欣慰的结果！

编者

2022 年春

目　　录

水利篇

其他

戏曲篇

井陉于家石头村戏剧调研

朱　朔　肖　月　孙　嘉

井陉于家石头村的戏剧与其他太行乡村的戏剧相比较为繁荣。自明清到当代，主要流行剧种为山西梆子，20世纪曾成立井陉于家晋剧团。现存六座主要戏台，包括真武庙戏台、清凉阁戏楼、白庙戏台、蜃气楼戏台；还有一座戏台被改造，现存于博物馆展厅中；另有1984年修建的大礼堂。调研主要围绕“戏台”与“于家晋剧团”两部分展开。

一、调研的基本情况

本小组调研主题为于家石头村的“戏台”与“于家晋剧团”。在老师指导下，进行该主题的走访与调研。

小组从2021年7月3日至7月4日，进行了两天的走访，主要访谈了三位当地居民。于利红（1974—），女，于家石头村导游，思路清晰，有部分方言口音。其母是村剧团花旦（已逝世）。于银柱老人（1944—），男，于家石头村本村居民，身体健康，声音洪亮，方言口音重。曾是村剧团丑角，擅演公公，管理剧团道具。于翠田（1960—），资深导游，高中毕业，其普通话和旅游知识均靠自学，村史解说靠走访积累，多次通过媒体推广于家村。

走访于利红导游和于银柱老人。7月3日下午，于银柱老人新家，15：00—18：20。于银柱老人为本小组调研提供了较多的口述资料，尤其是关于于家晋剧团发展状况和具体演出情况的材料。另外，于银柱老人为本组提供了抗战时期于家村的相关状况。由于老人口音较重，于利红导游帮助小组成员与老人进行沟通，并提供了其母亲曾在村剧团工作的情况。

走访于翠田大姐。7 月 4 日上午，游客中心二楼，9：00—12：20。于翠田大姐作为于家石头村资深导游，对本村情况十分了解。她主要为本小组提供了六座戏台与相关庙会的具体情况；于家村剧团的部分情况；抗战时期于家村的相关情况。另外，于大姐为本组提供了由本村人回忆整理的详细的村剧团演职员名录，以及珍藏的剧团照片和相关文字资料。

以下调研内容的展开大致依据三方面资料：第一，走访到的口述、文字、影像等资料；第二，相关方志、族谱等资料；第三，目前关于于家石头村已有的研究。

二、于家石头村现存主要戏台

（一）于家石头村戏剧繁荣原因探析

井陉县的戏种、剧目丰富，被称为“戏窝子”，尤其流行山西梆子，在 20 世纪六七十年代时曾有 197 个农村业余剧团。于家石头村主要流行山西梆子，本村几乎人人都会唱，还曾组建了本村的晋剧团，规模较大，人员较多，戏目较齐全。戏剧氛围浓厚，甚至在碑刻中留有对赌博者要求“写戏一台，歌舞三日”[①] 的惩罚。

戏剧在于家石头村较为盛行有其特殊的背景与原因。

首先，封闭的自然环境促进了本村内部的娱乐发展。于家石头村位于井陉县中西部太行山区，处在晋冀交界处，四面环山，“不到村口不见村”。在过去较长的历史中，于家石头村都处于较封闭的状态中，并且村民自认为是于谦后

① 《班门》编委会编：《班门·圆》，北京联合出版公司 2017 年版，第 300 页。

人，逃难至此，因此主观上也不愿与外界过多联系。因而在较为封闭的环境下，除重大节日外，村民对外界的娱乐活动参与较少，对娱乐的需求基本都由内部满足。戏剧作为当时重要的娱乐方式在于家石头村长久不息，蓬勃发展，在不断发展中形成了浓厚的戏剧氛围。

其次，清晰稳定的分工是戏剧能够在该村长期发展的重要基础。于家石头村的戏剧没有官方经济上的支持。一般情况下，唱戏者在本村唱戏也没有经济收入，但戏剧却依然能够在于家石头村长期发展，这与该村清晰稳定的分工是密不可分的。清初实行保甲制，于家石头村分为西、南、东、北、中五甲。其中西甲为大股，主要负责晋剧折子戏，要专门出人进行学习，其他四甲各负责娱乐技艺，因此大股几乎人人会唱晋剧。除大股外，其他股也要学习乐器，这种按股、甲进行分工与戏剧学习的做法在于家石头村十分稳定，且延续了多年。

最后，于家石头村的戏剧发展与必要的生存需求相联系。这主要体现在两方面：一是戏剧与祈雨相联系。缺水是于家石头村面临的最大生存难题。不论是各种禁止浪费水、提倡节水的村规民约，还是现存的各种实物储雨设施都证实了于家石头村长期处于缺水的状态，而唱戏则是祈雨的重要方式。据村民说，于家石头村的祈雨戏往往非常灵验，基本开箱就得雨。祈雨戏往往在青山洞戏台于每年的六月十三日夏旱时节进行。戏台旁的青爷庙中供奉着二青爷、三青爷，同时村民抬着真武庙的“龙”到此求雨、唱戏，十分灵验。二是戏剧与本村的防卫相联系。于家石头村分股、分甲，各股有不同的分工。戏分文、武，四股则是主要负责社火，“南宋范成大《上元纪吴中节物俳谐体三十二韵》记载：‘社火，在节日扮演的各种杂戏。’又称：‘民间鼓乐谓之社火，不可悉记，大抵以滑稽取笑。’”① 虽说于家石头村的社火是戏，但更偏向于武术，并将娱乐、农作、健身、唱戏、防卫相结合。因此四股的社火也是生存的防御手段，同时于家石头村的社火有传男不传女的规矩。因此，于家石头村戏剧的发展与祈雨、防御等必要的生存需求相联系，除娱乐外还有很重要的现实功能。

---

① 刘衍青主编：《固原历史文化研究》第 4 辑，阳光出版社 2016 年版，第 208 页。

（二）石头村六大戏台

于家石头村的戏剧在明、清和民国时期发展十分繁荣。历史上建造过多个戏台，现存的主要戏台分别是：真武庙戏台、观音阁戏台、清凉阁戏楼、白庙戏台；还有一座戏台被改造，现存于博物馆展厅中；另有 1984 年所建的大礼堂。

于家石头村戏台的设计特点是：有庙宇处有戏台，有戏台处有水井。戏台前的水井有三个作用：一是为来听戏的人提供饮水；二是为演出的演员提供梳洗用水；三是起到扩音的作用，将唱腔声音扩大。有庙宇处有戏台，这与中国多数乡村戏台是一样的。于家村的唱戏往往与庙会相联系，各戏台对应的庙会时间有所不同，这一般取决于戏台所对应的庙宇供奉的是哪位神灵。

表 1 于家石头村主要庙会、戏台一览表

戏台	始建年代	庙会	唱戏起始时间
真武庙戏台	万历九年	真武大帝诞辰	农历三月初三
白庙戏台	顺治年间		农历四月十三
观音阁戏台	康熙十四年	观音生日、得道日、出家日	农历二月十九、六月十九、九月十九
清凉阁戏台	康熙十六年	灯山会	农历正月十六

1. 真武庙戏台

真武庙戏台是于家石头村最早的官方戏台，戏台有一米多高，建于万历九年（1581），邻近真武庙。这一带曾经是于家石头村的活动中心，较为繁荣。真武庙内供奉真武大帝，该庙建于明嘉靖四十五年（1536），早于戏台的建造时间，因此该戏台被习惯性地称为真武庙戏台。戏台对面是清顺治十三年（1656）建造的全神庙。全神庙在建造上相比同道路上的邻近建筑整体后缩，与道路中心距离稍远。因此，在全神庙前留出部分空地，形成了一个小广场，为听戏提供了空间。另外，在全神庙中，“有两个厢房，是专门为妇女和儿童准备看对面戏楼用的，特别是妇女只能在厢房里面看戏，不能到外面去”①。

真武庙戏台在每年三月初三真武大帝圣诞时，过庙会，唱三天大戏。

于家石头村真武庙戏台

2. 白庙戏台

白庙戏台建于清顺治年间，当时实行连庄，是于家石头村与白庙庄联合建立的戏台，位于白庙祠堂门外，规模相对较大，人气也较高。白庙戏台一般唱庙会的时间为每年农历四月十三到四月十五。

① 魏雪琰：《河北井陉县于家村传统聚落初探》，华中科技大学2005年硕士学位论文，第49页。

白庙戏台近景

3. 观音阁戏台

观音阁戏台，又称歌楼，建于康熙十四年（1675），建筑面积 130 多平方米，这是于家石头村第一座专门的戏楼，有硬山式的屋顶。表演者在戏剧内容上也有所突破，不再是以往以歌舞为主的戏剧，而是也开始编排有故事情节的戏剧了。观音阁戏台前后台有隔断，为表演者提供了专门化妆准备的空间。戏台的正上方写有“蜃气楼”三字，表明戏剧世界终是海市蜃楼，是一个虚幻的世界。两旁有“引商”“刻羽”两块牌匾，演员听到五音中的商、羽调后及时出场退场，同时也是借“商”音表示“引”，象征戏的开始，“羽”音表示“刻”，象征戏的结束。这样的语言特色不仅代表了戏剧表演的逐渐规范，更体现了戏剧表演的文学性与艺术性。在观音阁戏台上有楹联：舞台方寸悬明镜，优孟衣冠启后人；此曲只应天上有，斯人莫道世间无。这充分展现了于家石头村寓教于戏、注重文教、强调戏剧故事对后人的教育与警示作用。

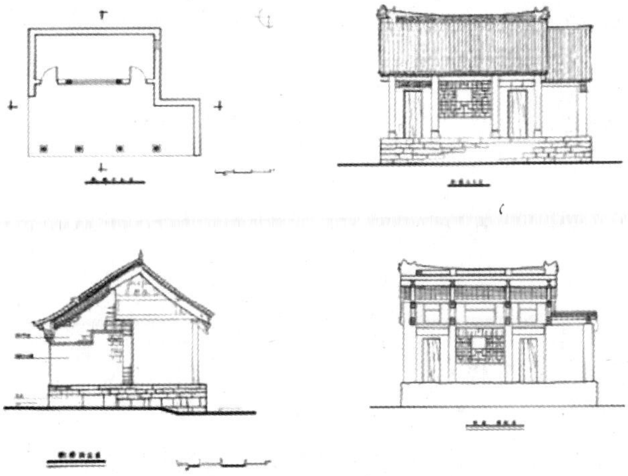

于家石头村观音阁戏台平台图①

观音阁戏台的对面即是观音阁，阁中供奉观音。每年的二月十九、六月十九、九月十九，即观音的生日、得道日、出家日，都会举行庙会，唱大戏，每次大戏持续三天。观音阁戏台是现在于家石头村的文娱中心。

于家石头村观音阁戏台

① 魏雪琰：《河北井陉县于家村传统聚落初探》，华中科技大学2005年硕士学位论文，第34页。

4. 清凉阁戏楼

清凉阁戏楼位于于家石头村的东门，在阁楼西北角的高台上，是给阁内神灵唱戏的场所。戏楼上有对联一副：二三人千军万马；五六步海角天涯。对联表现了戏剧艺术的象征性和虚幻性。清凉阁戏楼于正月十六开始过灯山会，唱戏三天。

5. 民俗博物馆内的戏台

于家石头村民俗博物馆展厅是由 1964 年所建的戏台改造的。一开始戏台架起挡板作为小学教室使用，现在当地已经建立起具有完善教学设施的现代化校舍。目前该戏台被改造为民俗博物馆的展厅之一。

6. 大礼堂

目前于家石头村最新的戏台是 1984 年建立的大礼堂，也是规模最大的戏台。现与游客中心相邻，前方有 1500 平方米左右的广场，可以容纳较多的观众。

1984 年所建大礼堂

(三) 旱庄求雨戏与青爷庙戏台

1. 清凉阁中的水官

清凉阁中供奉着三官塑像。天官主管赐福，地官和水官用于祈求风调雨顺。同时，清凉阁位于村落的东部，紫气东来。于家石头村最重要的日子就是每年的初次庙会，即正月十六日灯山会，这一天人们会在清凉阁戏楼唱戏。因此，对村民而言，在相对重要的清凉阁中供奉水官也是于家石头村缺水状况的反映。

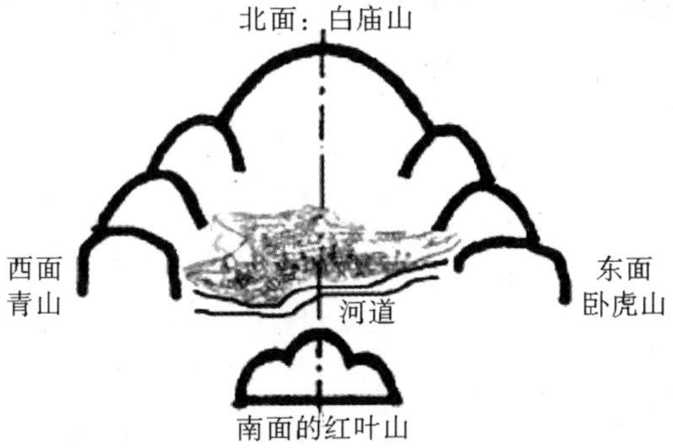

于家石头村聚落选址①

2. 名正言顺的水神：真武大帝

明嘉靖四十五年（1566）所建的真武庙主要供奉真武大帝。依据阴阳五行，北方属水，故北方之神即为水神。五逸《九章怀句》云："天龟水神。"《后汉书·王梁传》曰："玄武，水神之名，司空水土之官也。"《重修纬书集成》卷六《河图》："北方七神之宿，实始于斗，镇北方，主风雨。"因雨水为万物生存所必需，故玄武的水神属性深得人们的信奉。

① 魏雪琰：《河北井陉县于家村传统聚落初探》，华中科技大学2005年硕士学位论文，第59页。

当地村民于每年的六月十三日夏旱时节，抬真武庙的龙将神像，去青爷庙求雨，据传十分灵验。

3. 青爷庙戏台

青爷庙位于青山洞中。青山洞较为幽深，凉气袭人。每年夏旱时节的求雨戏会在青爷庙戏台进行。

于家石头村青山洞

（四）戏台的修筑与改建戏楼

戏台在于家村的出现为戏剧表演提供了场地，除了演出日和特定民俗日子，戏台平时也会用来晒粮或存放粮食。戏台不仅用于唱戏，在庙会时也用于表演一些如渔家乐这样的小节目，而像踩高跷、社火这样的表演则是在戏台前的小场地进行。

随着戏剧文化在于家石头村的发展，戏楼开始出现，并成为新的文娱中心。演出的舞台设计、演员的化妆和演出效果都有所提升。戏楼的设计可以使观众视线更加聚焦于主角演员。同时，戏楼偶尔还可供剧团成员休息住宿。

（五）庙会、戏台事务的管理

庙会的举行是按甲、按股安排的，由西甲负责白庙庙会，南甲负责老母庙会和青山洞庙会，东甲负责清凉阁庙会，北甲负责白庙庙会，中甲负责真武庙庙会和白庙庙会。

在各甲内部往往由几家特定的庙会主，即热心人士捐钱购买香烛贡品等，但像戏台的建筑与修缮等，则是由全村摊份子钱。一般情况下，本村戏班在庙会上唱戏没有经济收入。

表2 清代于家石头村甲、会组织一览表①

名称	股和地段	会名	花会内容	负责庙会
西甲	大股、西边口一带	天长会	渔家乐、拉花、晋剧折子戏等	白庙庙会
南甲	二股、五股、大西头、小西头、观音阁	老母会	耍叉、高跷、耍龙灯等	老母庙会、青山洞庙会
东甲	五股、康家、东头街一带	黄河会	转黄河、斗鼓	清凉阁庙会
北甲	四股、高头凹一带	菩萨会	社火（武术）	白庙庙会
中甲	大股、五股、官坊一带	真武会	乐队、大头娃、秧歌等	真武庙庙会、白庙庙会

① 表格为于家石头村内展示内容。

三、于家晋剧团

（一）场面与角色的固定化、专业化

于家晋剧团演出的历史比较早，早期表演具有一定的随意性，组织也较为松散。剧团草创时期，剧务主要由“康班主”即于家村康门康柱英组织和负责，“他的拿手技艺是盘垒串堂炉和火龙冒气的串堂壶，一次烧开十几把壶，开壶依次前移并保持沸水温水随时用，科学节约，方便演职人员使用和看戏人饮用”①。

晋剧团在发展过程中逐渐实现了剧团的正规化。1911 年左右，剧团逐步形成了较为齐全的行当，有生、旦、净、末、丑等。同时，完成了专职琴师、鼓师的固定化，也有文武场面。

文场有大胡琴（胡呼）、二股子、三弦子、二胡、大提琴、小提琴、唢呐、海笛等；武场有鼓板、克板、铙钹、绞子、手锣、马锣、堂锣、堂鼓、战鼓、小铲儿、吊镲、碰铃、木鱼、梆子等。

表 3　各行当知名人物一览表②

姓名	昵称（外号）	股属	行当
于绍先		大股	净生
于文只		二股	
于素昌		大股	
于德珍		五股	
于端昌	三小	四股	

① 所引部分为于翠田提供的信息。

② 根据于翠田提供的信息整理而成，空格表示信息缺失。

续表 1

姓名	昵称（外号）	股属	行当
于素槐		五股	须生
于进庭		二股	
于秀科		四股	
康东荣		康家	
于拉清		二股	
于田顺		大股	
于芳保		五股	
于令昌		五股	
于新兵		二股	
于海庭	三妮	二股	
于香荣	燕		
于保英			
于宝珍			
于桂龙		二股	旦角
康常清		康家	
于新荣		五股	
于二丑			
康翠只		康家	
于兵荣			
于瑞珍			
于书田			
于妹春			
于英素			
于金秀			
于密林			
于尚江		四股	丑角
于德小		二股	
于桃祥		二股	

续表 2

姓名	昵称（外号）	股属	行当
于银柱		二股	丑角
于素庭		大股	文场：琴师
于润寒	二冬	二股	
于永秀	英英	五股	
于秉钧	拉冬	大股	
于枫雅	三镖	大股	
于富文	二牛	二股	
于有兵		二股	
于卯林		四股	
于喜庭	旦儿	大股	
于秀文	大眼	大股	
于渭中	双小	二股	武场：司鼓
于五来	永福	五股	
于雪昌	毛旦	四股	
于喜庭		二股	
于仁成		五股	
于福宁	三拉	大股	
于春科		大股	
于拉科		五股	
于秀璋		五股	
于颜功		五股	
于科只		大股	跟箱：大衣箱
于植清		五股	跟箱：二衣箱
于怀清		四股	跟箱：大衣箱
于四元	国堂	大股	跟箱：帽箱
于锁成		五股	跟箱：杂箱
于银柱		二股	道具

（二）剧团内部规矩及注意事项

在于家晋剧团发展过程中逐步形成了一系列剧团内部的行为规范，大致情况如下：

1. 演员化好妆后，开戏前先拜老郎神。

2. 除唱丑者外，演员忌坐大衣箱，尤其女演员化妆后不能坐大衣箱。因唐玄宗李隆基（老郎神）的“神像”放在大衣箱内。

3. 文场在舞台左。拉二股弦的坐二幕后，拉二股弦和弹三弦者管唢呐。

4. 武场在舞台右。梆子手管杂箱和拍绞子。除鼓师外，忌坐“九龙口”。九龙口即打鼓的座位，从开戏至散戏，打鼓者都要在位，如有事离开，必须等替者到位，才可起身。

5. 穿戏衣后，不准随便乱坐，更不准穿着行头躺下睡觉。

6. 不准乱看场面。

7. 不准误场、笑场或不该发笑时发笑。

8. 不准私窥台下观众。无论观众席中发生任何事情，台上演员都应照常演戏，不准注视台下。后台演员不准私窥台下观众。

9. 救场如救火。无论何时何人在台上出错或误场，全员应争先抢救，不可使观众看出漏洞和破绽。

10. 下场让上场，上场让赶场。

11. 后台物品物归原位，将完好的刀枪把子、马鞭、宝剑留给主要角色使用。

12. 在后台走路不得影响旁人。如手执刀枪把子，要贴近自己身子，不能横放枪刀，乱舞乱动。非紧急赶场，不准在后台跑步。①

以上 12 条规矩规定的内容非常具体，内容简单直接，既有非常实用的前后台的具体行为规定，也有与戏剧相关的信仰行为规定。我们可以通过这些规矩了解当时于家晋剧团实际演出时的前后台情况。

---

① 以上十二条剧团规矩，由于翠田提供。

除以上规矩外，于家晋剧团还有一些特殊的细节处理，如“三通鼓”，剧团开戏前先打三通鼓——预备铃、催场铃、开始铃。三通鼓的鼓点不一样，村民一听鼓点就知道开戏的时间。于家晋剧团一般只打二通鼓，第三通鼓点难度较大。

(三) 红火程度

于家晋剧团的受欢迎程度与晋剧在河北省的发展情况相关联。晋剧（山西中路梆子）在河北省又称为山西梆子，在河北省的“张家口地区的各市县，石家庄地区的井陉、平山和保定地区的涞源县”较流行。于家石头村隶属井陉县，距离山西省较近，与山西的习俗语言相近，因此晋剧在本地非常流行，有着“井陉人儿路上走，山西梆子不离口”① 的民谣。

井陉县最早的晋剧班子可以追溯到清朝咸丰初年（1851），于家石头村在1911年左右有了文武场，并逐渐形成了正规的晋剧班。20世纪30年代之后，晋剧在井陉地区也得到迅速发展，先后出现职业、半职业班社，并且培养了一批知名的艺人。一直到七七事变前，于家石头村的晋剧团发展都很平稳，还不时有机会去山西演出，剧团整体发展较为平稳。

中华人民共和国成立后，于家晋剧团的发展更上一层楼，到达了一个新阶段。剧团成员白天务农，晚上自发排练，然后再组合表演，并且还学习、演出现代戏，对戏剧的积极性很高。剧团成员在该时期的演出一般没有报酬，但可以按照演出天数记工分。“1952年建立了民办公助的井陉县晋剧团，此后县文化主管当局又开办了晋剧学员训练班，为职业晋剧团培养了不少专业人才。除专业晋剧团外，石家庄地区的业余晋剧团也得到了大发展。”② 因此可以看出该阶段晋剧团在井陉有了整体的发展。根据粗略统计，当时“井陉县的业余晋剧

---

① 《中国戏曲音乐集成·河北卷》编辑委员会编：《中国戏曲音乐集成·河北卷·上》，中国ISBN中心1998年版，第467页。

② 《中国戏曲音乐集成·河北卷》编辑委员会编：《中国戏曲音乐集成·河北卷·上》，中国ISBN中心1998年版，第468页。

团曾多达 113 个”①，晋剧在井陉地区的流行程度可想而知，于家晋剧团在该时期可达五六十人，十分受欢迎，发展较好。

根据村民的回忆进行整理，于家晋剧团的全体成员没有任何报酬，甚至个人贴饭食请师傅学艺。即使在物质极度匮乏，甚至灾荒战争不断的年代，剧团也未曾解散。

（四）观众基础

戏剧演出在传统社会中意义重大，“一旦某一个乡村要举办戏剧演出的事情被确定下来，附近整个的一片乡村都将为之兴奋得颤抖”②。因此，于家晋剧团的观众主要来自两方面：一是本村人对戏剧热情高，喜爱听戏；二是在邻近村庄中也有于姓的亲朋来听戏。于氏家族在邻近的村庄中几乎都有居住，其中，南峪村位于娘子关下，距离于家村 15 公里。另外，水窑洼、南障城、支沙口、七狮村、朱会沟、苇子沟、红土岩、核桃园、郝家村、板桥、南关、天长、霍家庄、北横口等于氏家族迁居地距离于家石头村也很近。当于家石头村唱大戏时，村民会通知临村亲朋一起来听戏。

同时，看戏也为人们提供了一个特定的交际方式和交往空间。③ 人们聚集在一起看戏时，已经构成了一个受重视的公共空间，人们在这个空间下进行往来。这种往来不仅是在戏台前进行交流，更是与邻村来的亲友在自家住宿时进行更深层次的交流。人们在这种情况下的往来反映了其在传统社会中的交际网络和交际范围，以及各种关系之间的远近亲疏。

（五）于家晋剧团演出的剧目

于家晋剧团先后演出的古装戏有《白梦楼》《打代州》《辕门斩子》《回荆

① 《中国戏曲音乐集成·河北卷》编辑委员会编：《中国戏曲音乐集成·河北卷·上》，中国 ISBN 中心 1998 年版，第 469 页。

② ［美］明恩溥著，陈午晴、唐军译：《中国乡村生活》，中华书局 2006 年版，第 43 页。

③ 根据段建宏所著《戏台与社会·明清山西戏台研究》，民众在以戏台为中心的交往中，在获得信息、满足个人精神需要、增进群体之间的交流等方面达到满足。交际范围主要在其个人的地缘圈、血缘圈、市场圈当中。

州》《反徐州》《宁武关》《麒麟山》《借任头》《斩黄袍》《雁塔寺》《算粮》《红霞关》《打銮驾》《生死牌》《辕门射戟》《回头关》《三岔集》《临江驿》《二进宫》《十五贯》《鞭打芦花》《七星庙》《鸡架山》《走雪山》《美人图》《双锁山》《逼上梁山》《九件衣》《审诰命》《牧羊卷》《十王府》《破洪州》《打渔杀家》《茶瓶计》《清风亭》《凤鸣山》《三岔口》《打宫门》等三十多场。

演出的现代戏有《红灯记》《智取威虎山》《沙家浜》《朝阳沟》《穷人恨》《迎风飞燕》《向阳商店》《李双双》等。①

（六）于谦《石灰吟》血性在剧团演职员身上的呈现

于家先祖于谦，以石灰为喻来表达自己忠贞的节操，这种精神也反映在于家村的后裔身上。抗战时期，由于于家村北山有矿区，生产的原煤质量较高，可以直接作为火车的燃料，加之于家村本身也是一个大村，因此，日伪对于家村的管控非常严，并在北山上设置炮台，村内的娱乐活动也受到一定的限制。但于家村的南山就是八路军，当地村民秘密向八路军缴粮。于银柱老人回忆，八路军曾在日伪控制本村的情况下一个连队秘密进村，并在老人的家中停留了几小时。剧团第一代琴师于素庭和鼓师于五来在受日伪监视的背景下秘密为南山的八路军送情报、送盐，展现了于家村村民的民族气节。但不幸的是，两人被日伪发现后被捕，而剧团的第一代琴师于素庭始终都未能回来。

四、今日于家村戏剧

于家晋剧团最终在20世纪90年代解散，原因较为复杂，其中最重要的原因是剧团所根植的传统封闭的农业社会受到冲击。戏剧作为社会生活的一部分，其发展情况是由社会环境决定的。对戏剧发展影响最大的因素则是受众。相比较而言，在传统封闭的社会背景下，受众是稳定的。一方面，中国传统政

---

① 以上剧目由于翠田提供。

策对人口流动有限制作用，能够为村剧团提供稳定的受众群体。另一方面，在娱乐方式单一的环境下，戏剧这种艺术展现形式受到大众的喜爱，尤其是对于地处太行山中较封闭的村落而言，戏剧是村民娱乐生活的重要内容，而这样一个较传统、封闭的乡村环境在改革开放后则不断受到冲击。

首先，政策的转向。人口流动开始变得容易，人口不断从农村流向城市，这对于村级剧团而言是巨大的挑战，受众基数得不到保障。其次，娱乐方式逐渐丰富，随着技术的发展，娱乐不再依靠面对面的表演了，开始借助其他媒介进入人们的视野，在传播形式上已发生变革。与这样的娱乐方式相比，戏剧不再具有优势。同时，各种现代娱乐方式的迭代也非常迅速，当初对乡村戏剧形成巨大冲击的娱乐形式也早已被新的娱乐形式所取代。对乡村剧团与戏剧形成巨大冲击的不仅是新的娱乐方式，更是一系列的社会变革。这种冲击也不是单纯的对剧团的冲击，而是对戏剧这种娱乐方式，对戏剧在民间作为娱乐方式所需的社会背景的冲击。这种冲击由此进一步衍生出一系列剧团生存的问题，例如市场萎缩、后继无人等情况。

同时，于家晋剧团的生存空间也发生了变化。在传统封闭的社会环境下，乡村剧团的生存空间是乡村民俗。一方面，村剧团的活动与本地的庙会、节日、风俗等紧密联系。于家石头村的戏台邻近庙阁，戏台在庙会时唱戏，并且在正月要唱大戏，还有唱祈雨戏的风俗。另一方面，于家石头村的戏剧没有官方经济支持。一般情况下，唱戏者在本村唱戏也没有经济收入，但戏剧却依然能够在于家石头村长期发展，这与该村约定俗成的分工密不可分。村民按股、按甲进行分工和学习戏剧的做法在于家石头村十分稳定，延续了多年，是戏剧能够在该村长期发展的重要基础，也是晋剧团有足够人员传承的重要原因。

改革开放后，乡村民俗的生存空间受到冲击，剧团需要依赖官方语境的生存空间。原本于家晋剧团在没有官方经济支持的情况下可以生存，但在乡村民俗的生存空间受到冲击后，剧团面临巨大的困难，只有得到官方支持与资助才能继续发展，但官方的支持往往很少兼顾到村级剧团。因此，于家晋剧团在丧失了乡村民俗的生存空间后寻求不到官方语境下的生存空间，剧团面临难以为继的困境，最终只能解散。

于家晋剧团 1983 年合影（于翠田提供）

结　语

以上是本次调研的主要内容，戏剧曾在相当长的时间内作为重要的社会活动反映和影响着人们的生活。本次调研通过访谈的形式对于家石头村的戏台、庙会、晋剧团的历史进行了梳理，以求呈现出于家石头村戏剧的发展历程。晋剧在于家石头村有一个完整的由兴盛到衰落的过程，此过程不仅是戏剧在乡村衰落的过程，同时也是乡村本身衰落与被边缘化的过程。

如今，在乡村振兴政策的支持下，于家石头村的戏剧文化有了新的发展，主要体现在政策帮扶上，如支持建设农村娱乐设施、送戏下乡等，但在发展上也面临着整村推进文旅开发、挖掘戏台戏楼的建筑美学价值、戏台戏楼推陈出新等新的挑战。

石家庄剧团送戏下乡宣传

在观音阁戏台举办的送戏下乡活动

（指导教师：彭小舟）

环境篇

井陉于家石头村地理文化景观调查

边京奥

一、以地理文化景观视角解读该村的缘起

我们调研的对象主要是石头村的周边地理形势，虽然石头村内部在社会的发展下不断进行扩张改建，成为一处著名的旅游景区，村落布局不断向周围扩建，其地理文化景观形势与当年建造之时难免会有差异，但其周边的山脉、水渠保存完好，除修建公路、天线塔以外，没有再受到其他特别明显的影响，因此其地理文化景观格局大抵还是有可供参考研究之处。

村子内部对其地理文化景观建筑布局也有相关说明。根据其村落规划说明，山水格局乃是“不到村口不见村，看见房子已到村”。（石头村地势为中间低四周高的盆地类型，因此周边多山遮挡）村落四山环抱，背靠两山，南面南山，一水穿流，盆地安穴，借势山腰沿河而建，环境静僻，格局完整，适宜避祸隐居。我们可以从以上描述着手，运用地理文化景观知识去具体地求证探寻。其村志中对于家祖坟的地理文化景观描写“背靠青山，面临麻田，坐西朝东，向阳背风”（石头村于家祖坟位于村南山之上的山坡，麻田是北魏至北齐推行均田制时分配种麻的田，在此借指农田），老一辈称之为“蝎子脉”。

墓葬是村落地理文化景观的重要元素。墓葬排位在古代分为倒葬和顺葬两

种。倒葬是立祖在前，子孙在后，多依山就势；顺葬是立祖在后，子孙在前，多在平地。于家祖坟坡地平地都有，全部采用顺葬的形势。葬法分夹葬和排葬两种，夹葬是长子、三子……在立祖的左侧，次子、四子……在立祖的右侧；排葬是在立祖前按长次顺序排葬。

因此我们的研究可以从村志的描述中具体展开，以地理文化景观的视角进行解读。

二、展开地理文化景观研究中的困难

在我们调研于家石头村的过程中，还是存在许多问题的。除了村落的发展、地理文化景观布局的变化外，还有就是缺少相应的一些文件书籍的记录。除了村志的记载外，目前几乎没有专门研究石头村地理文化景观形势的文章和著作，所以这也从一方面增加了我们调研的难度。并且，我们没有专业的设备，比如无人机等去俯瞰石头村的全貌，只能通过卫星地图进行大致的测算。通过卫星图，我们发现村落周边的山脉除了修建公路外，还有很大一部分被开垦为了农田，这对于我们的研究也产生了一定影响。

三、于家石头村的地理文化景观形势

在古代地理文化景观理论中，选择吉地一般要察看地理五要素：龙、砂、水、穴、向，即“地理五诀”。每诀都有一套选择方法，分别为“寻龙”“察砂”“观水”“点穴”“定向”。《灵城精义》卷上《形气章·正绝》中的形势篇说道：“有聚讲、行讲、坐讲，则气聚于龙；有权星、尊星、雄星，则气聚于势；有盖胎、夹胎、乘胎，则气聚于穴；有收襟、收堂、收关，则气聚于局。”[1] 这句话分别讲的是龙、砂、穴、水的三种类型。生气聚集在龙脉之中，可以分为聚集、运行和固守三种类型；生气聚集在山势之中，可以形成权星、尊星和雄星三种形势；生气聚集在葬穴之中，有上面遮蔽的、中间夹杂的、有所凭借的；生气聚集形成一定的格局，呈现环抱、方正或闭合形状。通过对石头村的考察，我们可以根据地理文化景观中的理论描述进行结合，判断出石头村属于哪一种类型格局。

（一）于家石头村的“龙脉”

地理文化景观家用龙来喻指山势，因为山脉逶迤起伏如龙形，寻龙就是顺着山脉的形势寻找龙脉的走势，根据龙脉的高低行踪，辨别出山形吉凶，并找到龙脉结穴之处。先哲们认为昆仑山是龙脉之源，地理文化景观中的中国“三大干龙”说认为，昆仑山的东南支布于中国，又分为北龙、中龙和南龙三支。北龙环阴山贺兰，入山西，起太行。[2] 因此于家石头村所在之地正是龙脉的支脉，山龙支脉的起始点，也就是生气开始生发的地方；山龙支脉的终点，也就是生气聚集的地方。

龙脉的聚集，指祖山周围环绕着山岭，为聚讲；生气聚集之后需要蔓延运行，山脉便开始分支，向四处蔓延开来，为行讲。主干在中央，其他的支脉向左右散开，在两侧护卫着躯干。龙脉经过聚集、分支延伸等多种形态变化后，必须要获得归属，即龙脉的坐守，不仅呈现稳坐姿态，还需要有随从护座，不能出现孤立独坐的情况。石头村位于太行山脉之内，其位置位于龙脉的心脏靠前部位，这里分支的山脉如同从心脏分支而出的血管，向四周散开。

观察龙脉需要以山势为主，主要有直、横、回、飞、潜五种格局。直来的龙脉，其实大多生硬，需要婉转曲折才会有生气；横向来的龙脉，气势不正，需要扭转过来才能够确定和收纳住生气；回龙的气势，多是紧凑急促，生气不能舒展，必须使其变得宽敞，才能化合生气；飞龙为上势，需要气势高昂，能

① 《图解葬书·形势篇》，华龄出版社 2010 年版，第 364 页。
② 《图解风水入门》，新华书店 2010 年版，第 60 页。

够收纳和克制山水，这是生气的奇特之处；潜龙龙脉散漫，要避免龙脉断开，需要散开才会利于生发。太行山脉的朝向为西南一东北向，直而不刚，带有婉转扭曲之势，可聚集吸收生气，而位于其内的石头村也可受其滋养。

（二）于家石头村的“穴址”

吉祥地往往是一块区域，而“穴”则是这块区域中最吉祥的那个点。地理文化景观学认为，生气就是在这里从地下冒出来的。“点穴”就是指在综合考虑了山水状况之后，准确地找到山环水抱的这块区域中“龙”“砂”“水”种种景观意象最完美的那个点。站在这个点上，人们能得到最丰富的心理感受。地理文化景观理论认为点穴非易事。三年寻龙，十年点穴。先看龙脉明堂，再确定穴位。差之毫厘，谬以千里。“穴有高低、大小、肥瘦，高宜避风，低宜避水，大宜阔做，小宜窄做，肥宜上浮，瘦宜下沉。”① 总的来说，就是讲究因地制宜。石头村这个位置就是这片区域最好的穴位，并且根据此地多山石的特性，将房屋街道均以石头为基进行建造，就地取材，符合地理文化景观中的天人合一思想。

“穴”被点中之后，将成为建筑群落中核心建筑的基址，如城镇主街道的十字交叉处、都城的朝殿、州郡的公厅、宅舍的中堂等。点穴一门内容复杂多样，并且有多种方法，不过石头村的穴大致就是村落的中心位置，以此向四周延伸。地理文化理论称穴场四周形局紧密，能卫护穴庭，使其不受外风侵袭而耗散生气的情形叫作藏风，“堪舆之法，得水为上，藏风次之”②。而石头村四面环山的地理形势则表明其有藏风一说。穴位理想条件是来龙源远，蜿蜒奔向吉地；主山庄重能传生气；青龙白虎环抱吉地以聚气；朝山朝揖侍奉主山下的穴位；穴地内外须有缓流的水道，无风吹进穴内；穴的土壤坚实细腻。上述地形与吉利方位相配合，石头村周围的地理形势大致符合这一学说。

地理文化景观家把大路直冲住宅或墓穴叫作冲破，认为这种格局会撞散旺

① 《图解风水入门》，新华书店 2010 年版，第 69 页。

② 《图解葬书》导读四，华龄出版社 2010 年版，第 86 页。

气，导致家宅不安，“凡路最嫌当面直来，谓之冲破，主家宅不安，必须于曲而入”①。通往石头村于家祖坟有两条路，一条是从北而上，走蜿蜒山路，穿过密林；另一条在南边，有人工修筑的石梯，但也是弯曲而上，避免冲破，也可使祖坟清净，先人不被惊扰。

胎晕是结穴的地方，盖胎是指从上面遮盖住山的底座，如果上面的盖没有气势，胎星便不会凝结。最好的是华盖，其次是冠盖和宝盖，有盖则龙脉不会显得孤陋。夹胎就是现在的青龙白虎护卫，使得风门不会发生变动，生气不会被吹散。乘胎指现在所说的小明堂，为穴前微显的太极晕左右，是微茫之水曲包交揖的地方。石头村周边有青龙白虎护卫，为夹胎一类。《拨砂经》说道："无局不言龙"，葬穴的格局需要根据龙脉来确定，在龙脉停留的地方，会用上"就向拗龙"的方法。

《葬书》中说道："夫土欲细而坚，润而不泽，裁肪切玉，备具五色。"对于穴位之地泥土的选择，其质地应该细微并坚固，湿润而不泥泞。在土山中寻找石穴，要选择形态类似泥土而不是泥土的石头，质地脆嫩，色泽光润，如同从玉石上切割下来一般。在五行之中，将黄色作为土地的颜色，一般纯色为吉祥的象征，还有红和黄相间的，则是色泽鲜明为佳。经考察，在石头村的周边发现了岩洞，内部石头多呈现为土黄色，厚重质朴发亮，虽不说能具备五色，却也能体现出其精妙。

龙脉和葬穴有阴阳之别，砂水也不例外，通过砂水的峦头形势我们就可以知获其阴阳生死属性。砂开敞平坦为阳，悖逆陡峭为阴。符合情理，护卫完备，并且相互环绕则为生；形态僵直，无法活动则为死。水势曲折，连绵不绝，深厚纯净为阳；水流细小，笔直急促，倾泻而下为阴。人们一般从急缓顺逆和水的阴阳进行分辨生死。

寻找葬穴方位的时候，需要选择“三静一动”的地方。案山要静，平坦开敞而没有狭窄陡峭的情势。龙砂和虎砂也要静，向内部环绕而不向外升腾。周围的水流要静，相互环绕没有向反方向冲撞。在设置葬穴的地方要有一条脉气

① 《图解葬书》导读四，华龄出版社 2010 年版，第 86 页。

活动起来使其显示生机。这就叫三静一动。[1] 石头村坐落于太行山深处多年，在近些年开发为旅游村以来，一直无人问津，曾经的先人因为逃难而定居于此，山清水秀，清静秀丽，在安静的同时也不乏生气，如同桃花源一般。

（三）于家石头村的“砂势”

“砂”也指山体，“龙”是高大的主要的山体，“砂”则是“龙”旁边的小山丘。在成因上，“砂”是由“龙”的石头风化而成的，因此是“龙”的附生物。地理文化景观学认为，仅有“龙”还不能成为吉祥之地，“龙”的周围还需要各种“砂”来拱卫和呼应，如果没有“砂”，“龙”就很难聚纳生气。在所有环绕吉祥地的“砂”中，最重要的当属所谓“四神砂”。它们是位于吉祥地前后左右四个方向的小山，地理文化景观学中假借天上四方星宿的名字为它们命名：青龙（位于吉祥地之左）、白虎（位于吉祥地之右）、朱雀（位于吉祥地之前）、玄武（位于吉祥地之后）。不仅如此，地理文化景观学还对“砂”的形态做了细致的规定，只有外观秀丽端庄的“砂”才算是吉祥的。黄妙应在《博山篇》论砂中说：“砂有三类，肥圆为富局，秀尖丽为贵局，斜臃肿为贱局。”[2] 而石头村周围的“砂”均为低矮平缓之相，并无高耸山峰，可归为肥圆富局一类。地理文化景观理论中还讲究“砂”的宏观布局，凡穴四周都有富贵之“砂”，主吉。“砂”的排列要层层叠叠，前后有序，一律内倾，“砂”脚要有潺潺流水，环绕缓流。石头村刚好符合这些特点，四势环抱，周边层峦叠翠，山脚有河流经过，可见其地势之吉。

“权星”指的是都权之星，它的来势宏大，形势高大如雪山高耸，绵延起伏如云雁在天，聚集汇拢如昆仑盘踞。对于王侯的葬地，需根据权星安排；尊星是指祖宗的葬地，需要比其他的地方都高，而作为群山之中第一个能够看到的山峰，龙脉生气的躯干也都聚集在这里；雄星是城池的连接之处，在各星之中与尊星相互呼应，有较高的山峰，其周围就必然有较低的山峰，作为尊星的

---

① 《图解葬书》，华龄出版社 2010 年版，第 408 页。
② 《图解风水入门》，新华书店 2010 年版，第 69 页。

门户，起守卫之相。① 石头村于家祖坟所在的山峰，应当就是这里的尊星，是附近最为高大的山地，而其周围的山脉便是与其相呼应的雄星，用于守卫尊星。

葬穴前方的案山，称为明堂位，在有水聚集的地方，称为文库。零神和父母所在的方位，最喜欢有水聚集的地方，其水最宜呈现弯抱或者汇集状。如果正神的水直射而出，则为最凶；零神水直射直流，会导致后来衰败；父母位的水直射直流，会使人寿命缩短。父母位的水被称为文昌水，如果衰神水向其中流入，则会产生凶相。衰神的水最适合在葬穴的前面流出，父母方位的前面便是墓方，在父母方位有顺水则会吉，有逆水来则为凶。这里的父母位、正神、零神都是三元九运中的描述。从于家祖坟处流经的溪水渠道，和其山路一样蜿蜒曲折，随之而下汇入河流。

（四）于家石头村的“水势”

观水，地理文化景观术语，就是对水的考察，其中包括对水的来源、走势和质量三个方面进行考察。

水是地理文化景观中关键因素之一。山水是相伴而行的，水是龙的血脉。水大，龙来长；水小，龙来短。水来处是山的发脉，水尽处龙亦尽。此外，水在地理文化景观布局中之所以是关键因素之一，乃在于水有气的作用，水飞走则生气散，水融注则生气聚；水曲则财禄聚，水直则贫病现。水来的一边称天门，其地形应开阔宽畅，水流不宜直射；水去的一边称地户，地势当高障紧密，水道弯曲，不宜直流，以看不见水去为佳。吉地前必有水，水止气；水来处，称天门。天门开，财源来。流连平缓、蜿蜒屈曲为吉水，水流湍急为凶水。无山的平原，曲水处是好气场。地理文化景观学者要尝水辨味，酸涩发馊者绝不能在此居住。

---

① 《图解葬书》卷四，华龄出版社 2010 年版，第 366 页。

于家祖坟的水文化景观

地理文化景观学中所有吉祥的地点都离不开水。地理文化景观学认为，“龙”能迎气生气，“砂”能聚气藏气，“水”能载气纳气，大地的生气只有遇到水才能被曳住流动的脚步。不仅如此，在没有山脉的平原地带，河流也往往被看作是传递生气的通道。

但是石头村的河流早已枯竭，很难找到水口，不过根据干涸的河床，我们可以找到河流的源头，推断出河流的缓急，并且此河乃石头村村民五百多年来赖以生存的河流。根据村志记载，其水质经过山间岩石的过滤，富含大量矿物质，滋养一方。水还有收襟一说，葬穴中的生气遇到水流便会聚集在一起，就像是人的衣襟和衣领，相互交合，浑然一体。在我们前往于家祖坟的路上，就看到了一条隐秘的引水渠道，从山上经过于家祖坟，一直流到山脚下的河水当中。还有收堂一说，在龙虎两个护卫砂相互分隔的地方，就是水气聚集的地方，就像宅院的明堂中，四方的水流汇聚，呈堂合之势。“收关”就是通过龙脉对城池的聚水进行划分，小的就像是宅院的出口处，大的就像是城池的围墙，所以称为关合。古人所说的“小合收囊”，说的是堂合，“大合收局”说的是关合。如果山穴狭小，则会收纳堂院之内的水流，如果山穴高大，则会收纳关隘之内的水气。至于葬穴前方小明堂中的合襟水，则不管是高是低都会收纳其中。“收关”就是要将水局闭合。石头村处的河道位于龙虎二砂之间，呈现收堂的姿态。

（五）于家石头村的“向”

向即方向、朝向。一般指与建筑基址垂直相对的方向。建筑基址的选定及布局，方向是一个重要的参照系数。方向是以八卦中的四正四隅为基础，震、巽、离、坤、兑、乾、坎、艮代表现代的东、东南、南、西南、西、西北、北、东北。并且，按五行学说，方向也具有五行特性，根据建筑与人的五行相生相克的原则判定吉凶。这部分内容，在后续的发展中逐渐与三元法结合，将八卦、方位、五行、干支等都纳入其中推演，形成了一套独立的体系。

于家祖坟选择坐西朝东，很大一部分原因就是当时地理文化景观学的定向所选，所谓头枕日出脚踏日落，也是十分常见的。坟墓周围多种植柏树，在墓地种植柏树，起源于一种民间传说。相传古代有一种恶兽，名叫魍魉，性喜盗食尸体和肝脏，每到夜间，就出来挖掘坟墓取食尸体。此兽灵活，神出鬼没，令人防不胜防，但其性畏虎怕柏，所以古人为避这种恶兽，常在墓地立石虎、植柏树。还有一种说法是：坟上种柏树寓意去世的亲人像柏树一样万古长青，精神永存，福佑子孙健康，等等。而且柏树好种好活，栽上就可以长大，不用悉心照料。

于家祖坟于有道碑

四、于家石头村是四势俱全的地理文化景观宝地

据村志记载，石头村是“四山环抱，背靠两山”，而这个地理文化景观的奇特之处，我们可以从四势的角度进行解读。“是故四势之山，生八方之龙，四势行龙，八方施生，一得其宅，吉庆荣贵。”① 地有四势，气从八方。四势指的便是青龙、白虎、朱雀、玄武，八方指的就是八卦所对应的八个方位。八个方向中的龙脉不能独自化生，而要借助于寅、申、巳、亥四种山势中五行之气的力量才能显出吉祥。比如龙位于震位，则五行属木，它的生长位就在亥，所以从亥开始生发才能形成生气。生气的聚集需要四周地形的护卫，护卫有缺虚则会形成风，使得生气四处离散，所以必须借助四周形势来藏风纳气。而石头村周围的地理形势恰好符合地理文化景观学中的四势环卫一说，从卫星地图上能够更加清楚地看出村落周围的砂，马路的修建刚好将山的轮廓勾勒出，可以更加明显地看出周围的四座山峰。

我们都知道在一般四象或者星宿中，西方为白虎，东方为青龙，北方为玄武，南方为朱雀，在地理文化景观中是最好的地理位置，但这都是在房屋坐北朝南的基础上进行的解读。假如房屋正好是坐北朝南，不管是东西还是左右，都能对应得上，但我们的地理文化景观是讲依山傍水，要求的是因地制宜，并不是所有的房屋都是坐北朝南的，比如石头村的整体形势是坐南朝北，那左边就正好是在西边，就成了左白虎了，那到底应该采用哪一种说法呢？其实在地理文化景观上用青龙、白虎、朱雀、玄武这四个名字，是用这四象代表我们房屋前后左右的环境，取其护卫之意，是只论房屋四周的四象，不用再论整个宇宙的四象了，所以，不管村庄的坐山朝向怎么变，我们始终是以房屋自身的中心点来论四象，那就是左青龙、右白虎、前朱雀、后玄武。

① 《图解葬书》，华龄出版社 2010 年版，第 242 页。

（一）青龙

青龙指的是穴前左侧之山，地理文化景观学认为青龙应该与右侧的白虎山对称拱抱，翼护穴山，忌高踞背向。俗话说的左青龙、右白虎也是这个道理，“葬以左为青龙……青龙蜿蜒……形势反此，法当破死”①。其山体应当疏松柔软，宽阔明净，而不应龙头高昂，倾斜直冲向下。在调研过程中，我们爬上了石头村西侧的山脉，白庙即李密大王庙就坐落于此。站在此处向西方即左侧看去，确实能看到蜿蜒曲折的山脉，循环往复，层叠环绕，犹如河流朝海，众星拱辰如同展开的手掌一般，是为吉相。如果是两个山体相互抵抗而又互不相让，则会显出奇异的高耸状，看起来十分呆板。

（二）白虎

白虎指穴场右侧之山，白虎所在的山脉应低缓俯伏，与对面的青龙形成拱抱之势，使穴场不受外风吹袭。“夫葬以……右为白虎……白虎驯伏。形势反此，法当破死。”② 在地理文化景观学中有一种凶相便为白虎煞，正是右边的白虎高于左侧的青龙，白虎回首望，弑主又伤财。不过石头村的地貌完全规避了这一点，其右侧的山脉平坦低伏，与龙向内作护卫之姿。

《葬书》中有一败椁论，叫无龙无虎，棺木必腐。只有四周护卫得当才不会“败棺”。风可以使得生气散失，左龙右虎，可以用来护卫，然后才可以聚集和融合生气。③ 如果在葬穴的前方，虽然有出口，但是山峦起伏却左边空虚而右边缺少，前方空旷而后方下凹，大地中凝结的生气也会被风吹散，无法得到聚集。由此可见，石头村在选址时选择了周边群山环绕之地，除了考虑到防卫安全之外，也有一部分综合了地理文化景观理论。

---

① 《图解葬书》导读四，华龄出版社 2010 年版，第 85 页。
② 《图解葬书》导读四，华龄出版社 2010 年版，第 85 页。
③ 《图解葬书》，华龄出版社 2010 年版，第 215 页。

（三）朱雀

朱雀指的是穴山前方正面相对的山峦或水流，以石头村为明堂，其南山为案山（指穴山近前的矮山，有助于蓄聚穴山之气），则其明堂的方向上有水，并且水势应曲折幽邃，不可激荡湍急，则为吉。如果有棱角从中截断，或是流速极快，以至水流湍急，相互激荡，发出犹如悲鸣一样的声响，都会导致灾祸。历经百年，石头村的河流虽然已经干枯，但是河道、桥梁乃至山上的水库都还保存完好。根据河道的形状以及村志的记载，这条河流也应当是缓和清澈的，以供村中人生活所用。流水作为外气，可以用来聚集内部的生气。生气是水的源头，从它最初的地方开始，水的周流运行，也都是源于生气的推动。石头村的河流从山上流下，途经于家祖坟，以供生气，可以感受到先民在修建水渠的过程中祈求于家先祖保佑的美好愿望。

（四）玄武

玄武指的是穴场后山，玄武讲究垂头，即山势自主体山峰始，逐渐下延，如果在这个地方浇灌清水，就不会四处流散，安置座椅，即可得到安稳。如果注入水后，便立即倾泻出来，甚至连一个落脚的地方都没有，则会形成“陡泻之地”，“人眠山上龙方住，水注堂心穴自安”也是相同的道理。① 石头村的后山稳固而厚重，进村后较为显眼，距离村落较近，山上植被茂盛，充满生机。玄武山也称“后台砂”，指建筑地基或穴场的后台，也称靠山。靠山的作用是助力，受父母或者贵人等的扶持，而以石头村的方位来看，其靠山正是太行山脉，稳固而雄厚，并且南山还葬有于家先人，可见其位相之吉。

地理文化景观学中的明堂是穴前之地，诸山环绕，众水朝贡，生气聚合。明堂有内明堂和外明堂之别，亦称大小明堂。② 如果以于家祖坟为穴，石头村就是一处得天独厚、符合地理文化景观学的内明堂，村落平坦，龙虎围绕。

---

① 《图解葬书》，华龄出版社 2010 年版，第 218 页。
② 《图解风水入门》，新华书店 2010 年版，第 65 页。

结　语

经过一番调研，我们发现于家石头村的地理位置有很多符合地理文化景观学中的理论，并可以找出相应的依据，甚至许多地理形势和古籍中所讲的地理文化景观宝地不谋而合。可以大胆推测，于家先人在决定定居到石头村之前，有极大可能勘察了周围的地理环境，参考了相当多的地理文化景观理论，只为求得家族兴旺，后世安康。历经了百年沧桑，石头村的地理文化景观地貌依然保留，而石头村也正如先祖所期盼的那样更加兴旺。

（指导教师：顾乃武）

“林乃村之瑞，茂以兆人兴”：于家石头村林木研究

周　婷

在中国传统农业社会，林木与村落的形成发展和人的生存繁衍息息相关。河北省石家庄市井陉县于家石头村深处太行山之中，村民们自明朝成化年间立村至今，普遍形成了“林乃村之瑞，茂以兆人兴”的共识。林木的利用与栽植是研究于氏宗族、于家石头村历史发展和生态文化的重要一环。

于家石头村在 1998 年被河北省民俗文化协会命名“于家石头民俗村”之后，逐渐受到学界关注，研究成果不断增多，涉及学科广泛，在地理、旅游、建筑科学与工程、考古、农业经济、文化、中国文学、政党及群众组织、初等教育、自然地理学和测绘学、美术书法雕塑与摄影、文艺理论等多个学科都有研究，其中以地理、旅游、建筑科学与工程三个学科的研究成果最多。研究主题多集中在五个方面：乡村旅游发展、传统民居建筑、古村落文化遗产、石头文化、于谦家风。刘雪莹和方浩呈《基于韧性视角的古村落旅游发展途径探索——以石头村为例》① 与栾梦炫《乡村旅游扶贫政策实施的有效性调查——以河北省井陉县于家石头村为例》② 等文章从国家政策、乡村旅游开发的途径与影响等方面探索了于家石头村古村落旅游发展的情况。宁小雨《传统村落景

---

① 刘雪莹、方昊呈：《基于韧性视角的古村落旅游发展途径探索——以石头村为例》，《城市建筑》2021 年第 10 期，第 19—23 页。

② 栾梦炫：《乡村旅游扶贫政策实施的有效性调查——以河北省井陉县于家石头村为例》，《河北广播电视大学学报》2016 年第 6 期，第 61—65 页。

观有机更新设计策略研究——以河北省于家石头村为例》①，范霄鹏和兰传耀《太行井陉于家石头村的田野调查》② 分别探讨了于家石头村的古建筑蕴藏的文化价值和开发利用情况、建筑景观的更新设计情况和于家石头村独特的石质建造所形成的历史文化空间。乔文黎、侯力丹和刁建新《古村落文化遗产的传承与发展策略研究——以河北省井陉县石头村为例》③，刘华领、莫鑫和杨辉《古村落的保护与开发策略研究——以河北省井陉县于家石头村为例》④ 均探讨了于家石头村古村落文化遗产的传承保护问题和发展策略。张金亭《石头垒砌的人间——于家石头村探秘》⑤、王海侠《石头村·石头——太行于家石头村民间建筑艺术与民俗研究》⑥ 等文章从石文化的角度介绍和探究了于家石头村。姚佳彤《新时代优良家风研究——以河北石家庄于家村为例》⑦ 一文探讨了于家石头村于谦家风的传承和发展。

综上所述，现在学界还没有研究于家石头村林木利用与栽植的学术成果。林木是于家石头村形成发展过程中不可或缺的重要组成部分，与于氏宗族的繁衍息息相关。

本文以于家石头村的林木为切入点，在借鉴于家石头村已有研究成果的基础上，主要利用三部《于氏族谱》的记载，并结合在于家石头村的田野调查，首先研究于家石头村林木的种类及分布情况，进而梳理于家石头村林木利用与栽植的时代特点。本文还将深入探讨林木的利用与栽植和于氏宗族、于家石头

---

① 宁小雨：《传统村落景观有机更新设计策略研究——以河北省于家石头村为例》，河北工业大学2018年硕士学位论文。

② 范霄鹏、兰传耀：《太行井陉于家石头村的田野调查》，《古建园林技术》2017年第2期，第47—50页。

③ 乔文黎、侯力丹、刁建新：《古村落文化遗产的传承与发展策略研究——以河北省井陉县石头村为例》，《乡村科技》2017年第30期，第31—32页。

④ 刘华领、莫鑫、杨辉：《古村落的保护与开发策略研究——以河北省井陉县于家石头村为例》，《规划师》2004年第12期，第80—83页。

⑤ 张金亭：《石头垒砌的人间——于家石头村探秘》，《档案天地》2014年第10期，第60—63页。

⑥ 王海侠：《石头村·石头——太行于家石头村民间建筑艺术与风俗研究》，河北师范大学2006年硕士学位论文。

⑦ 姚佳彤：《新时代优良家风研究——以河北石家庄于家村为例》，《南方论刊》2019年第5期，第14—17页。

村的发展关系、于家村的生态文化等问题。

一、于家石头村林木概况

于家石头村林木种类繁多，这些林木分布不一，由近及远，由疏到繁，构成了一道天然的绿色屏障。在不同的历史阶段，林木栽植体现了不同的时代特点。

（一）林木生长的自然环境

井陉县位于河北省石家庄市西部，冀晋接壤的太行山东麓，全县属山地地貌，山多地少。《太平寰宇记》中记载：“四方高，中央下，如井之深，如灶之陉，故谓之井陉。”① 可知井陉的名字就是源于它特殊的地形。而于家石头村“位于河北省井陉县的中西部，太行山腹地，高山与丘陵的衔接处。坐落在群山环绕的小盆地之中”②，周围多山地地形，地势高低不平。于家石头村所处地区为背斜山，易被侵蚀，再加上地层岩性多样，有石英岩、砂岩、白云岩、石灰岩、花岗岩、变质岩等，岩石刚性大，多断裂，易受到侵蚀，造成的地貌形态会更加复杂多样。于家石头村所处地区属于暖温带半湿润大陆性季风气候，半湿润“每年随季风到来的迟早与强弱，呈现年际和季节降水量的变化。境内季节降水不均，主要集中于夏季。且境内降水受地形地貌影响，降水不均，一般山谷多于山脊，迎风坡多于背风坡”③。降水不均而水旱灾害交替，水旱灾害会直接影响于家石头村的生存，因此防护林的建设必不可少。总体来说，于家石头村多山的地形适合林木栽植与生长，多变的气候与脆弱的自然生态环境更需要林木守护村庄与于氏族人的生活。

① 孙妍：《河北井陉县于家古村落乡土景观研究》，北京林业大学 2014 年硕士学位论文。
② 于家村于氏谱书编委会：《于氏宗谱》，2004 年，第 4 页。
③ 孙妍：《河北井陉县于家古村落乡土景观研究》，北京林业大学 2014 年硕士学位论文。

（二）林木种类与分布

根据清雍正九年（1731）《井陉县志》记载之物产，整理明清时期井陉县的林木种类，如下表：

表 1　明清时期井陉县的林木种类

果类	桃、李（有青、黄、红三色）、杏、梅、梨（有香水、秋白二种）、柿（有大、小二种）、核桃（即胡桃）、枣（有数种）、羊枣、栗、葡萄（有黑、白二种）、石榴、苹果、沙枣、文官果
木类	松、柏、楸、槐、榆、椿、杨、檀、楮、梧桐、橡、桑、樗、柳

于家石头村明清时期的林木种类在《于氏宗谱・七言杂志》中这样记载："颜色红黄桃李杏，甘如甜糖蜜与饧。……篮篓筐子都预备，梨黄菓柿枣儿红。榛黄栗黑核桃白，去皮好吃异香椿。松柏榆槐常结子，梧桐杨柳尽根生。秋树开花桑结实，修房有木看材成。"① 《七言杂志》是于家石头村于氏十七世祖于大荣为总结日常生活中常见之物而编写的日用杂字歌。据其记载，于家石头村有大部分《井陉县志》中所记载的林木。

据实地田野调查发现，于家石头村对面南山上还生长着茂盛的黄栌树。黄栌树是天然灌木林，"黄栌叶深绿色，秋后经霜变红"②，所以每到秋天，这里就变成了"漫山遍野红似火，太行深处一盏灯"。可谓是霜叶红于二月花，分外美丽。这片原始山林早在康熙年间有远见卓识的于氏祖先就刻石立下规矩，禁止砍伐和放牧。因此这片神奇而古老的林木至今仍能呈现在我们眼前。

于家石头村的林木栽植在房屋周围和村庄隙地，以寄托五谷丰登、岁岁平安、人财两旺等美好的愿望，以榆、槐、杨较为常见。如《于氏家谱》中提到"村社周边，旮旯空地，古槐、古柏、黄连树、大楸树、本地杨等遮天蔽日，

① 于秀书等：《于氏宗谱・七言杂志》，2012 年，第 8 页。

② 桂炳中、孟金凤：《霜叶红于二月花——黄栌》，《花木盆景（花卉园艺）》2012 年第 1 期，第 18—19 页。

构成卫前翊后之势”。有些村民也会在自家院落栽植一些果树，常见的有石榴树、苹果树、梨树，《于氏家谱》记载“院落家家植梨树”①。由于于氏族人在群山中开辟出住宅用地极为不易，土地宝贵，林木分布比较稀疏，无成片之景象。

院内石榴树

院内苹果树

于家石头村的祖坟周边栽种着祖茔纪念林木。祖坟旁栽树，绿树成荫，“除具返璞归真和纪念意义外，还有避凶化吉、荫佑子孙之意”②，所以祖茔纪念林很受重视，常见的有柏树、松树、杨树等。“我祖茔留给我们的记忆是，林木很多，马黎奔子遮蔽，碑石古老。”③

于家石头村外围的山上栽种着果林和用材林，栽种面积比较大，对于家石头村有着重要意义。自迁居以来，于家石头村人就一直致力于果木和木材树的

① 于闰斌等：《于氏家谱》，2017 年，第 398 页。

② 郭风平、方建斌：《20 世纪中国乡村林业变迁初探》，《世界林业研究》2004 年第 1 期，第 55—60 页。

③ 于闰斌等：《于氏家谱》，2017 年，第 388 页。

种植。于家石头村的一世、二世先祖为了营造一个于氏子孙的世外桃源，一个自给自足、祥和安定的家园，“经数十年的艰苦创业，房已发展数十间，开荒造田近百亩，培植建房木材，栽种桃树果树”①。此后，于氏族人一直重视种植木材树，这些树种绝大部分都木质坚硬，纹理致密，可供建筑及制造器物之用。于家石头村种植的果园有“南坡果园、西坪果园、石吉坡桃园”②。经过于氏族人二十几代人的努力，于家村种植的果林“地岸排排长枣树，干鲜果树漫山遍野”③。

于家石头村生态环境脆弱，防护林是必不可少的，“林木作为生态建筑，尤为重要，于家村四周山上植有柏树防护林”④，柏树抗风力强，耐烟尘，是很好的防护林树种。

于家石头村周围山上的林木，栽植范围广，栽种面积大，《于氏宗谱》中记载了关于于家石头村的地域面积：“境内高山丘陵表面积为 14710 亩，其中山场面积为 12672 亩，耕地 2483 亩。”于家石头村的林木主要分布在山场。综上可见，于家石头村林木的分布，从院内到宅旁隙地，从村庄到外围山场，由近及远，由稀疏到繁茂，层层包围，构成了于家石头村名副其实的绿色屏障，守护着于家石头村，也在五百多年里见证着于家石头村的发展、壮大。

（三）林木栽植的时代特点

于家石头村林木栽植饱含时代特点。自成化年间建村到新中国成立初期，于家石头村的原生林遭受了一定破坏，大约在 20 世纪 60 年代之后于家石头村人开始重视被破坏的生态环境，并在国家政策的号召下逐渐增加人工林的种植工作，但在发展过程中也遭遇了一些挫折。当然这些挫折不会阻止于家石头村人工林发展的步伐，新时代于家石头村人会更加重视绿化，努力为于家石头村营造一个更加良好的生态环境。

---

① 于秀书等：《于氏宗谱》，2012 年，第 19 页。
② 于闰斌等：《于氏家谱》，2017 年，第 398 页。
③ 于闰斌等：《于氏家谱》，2017 年，第 398 页。
④ 于闰斌等：《于氏家谱》，2017 年，第 398 页。

自于氏先祖明成化二十二年（1486）迁至白庙村（现于家石头村）以来，因这一带榛莽丛生，先祖“乃将左右之岗陵林木，或则修之平之，以作耕种之土；或则攘之剔之，以培建筑之材；而又树桃果于山隈，掘坎井于沟，经数十年之经营，而土地遂连阡累陌，屋宇亦鸟革飞”①，砍掉原始林木，为建村拓展空间。到明正德年间，由于人口不断增多，开拓的土地也大幅增加，如“人口已增至一百多人，房屋数十间，开荒造田近百亩，在村周围，栽植了木材林和各种果树”②。明嘉靖年间，更是“开荒造地百余亩，以祖居为中心建造房屋数十间，栽植木材林和各种果树围屋周边，村落基本形成，取名白庙村”。原生林进一步遭到破坏，村落用地得到进一步扩展。当然，这一破坏并非是无底线的，虽然土地资源紧张，但是于家石头村先人们目光长远，清楚地意识到原始林对于生态环境和村落都有长远意义，在开发的同时也保护了一些作为村落屏障的原生林，“对村对面南山的原始灌木林，明确禁止砍伐，定为永久性保护林”③。在当时的时代背景下，于家石头村人确实破坏了部分原始林木，但这也使得于谦血脉在这片丛林深处保留下来，并且对南山丛林的保护也似乎在向自然母亲暗示着于氏子孙们并非要和自然决裂，而是于家石头村人会越来越重视和保护这片林木的。

20 世纪 60 年代以来，国家日益重视人工林的建设，“1974 年以后，国务院提出加速经济林建设，对乡村经济林发展起到一定推动作用”④，于家石头村也加大力度发展人工林木果树的种植，“60 至 70 年代荒山开鱼鳞坑近万个，植柏树近万株，播种松林 100 多亩，在南山山腰营造一个 120 多亩的果园，栽植各种果树 5000 多棵”⑤。这些果树林木在给于家石头村村民带来经济效益的同时，也为于家石头村带来良好的生态效益。改革开放以来，随着家庭联产承包责任制的推行，于家石头村也投入到浪潮中，于 1995 年 11 月 8 日承包了南坡

① 于闰斌等：《于氏家谱》，2017 年，第 409—410 页。

② 于家村于氏谱书编委会：《于氏宗谱》，2004 年，第 4 页。

③ 于秀书等：《于氏宗谱》，2012 年，第 19 页。

④ 郭风平、方建斌：《20 世纪中国乡村林业变迁初探》，《世界林业研究》2004 年第 1 期，第 5—60 页。

⑤ 于家村于氏谱书编委会：《于氏宗谱》，2004 年，第 8 页。

果园。[①] 于家石头村也因此得到了政府的扶持，2001 年，“4 月 26 日，由县电信局扶贫于家村。我村种毛白杨 1000 亩，大枣 500 亩，安装 IC 电话两部”[②]；2002 年，“3 月 22 日，于秀书、新兵等人赴保定望都，麻责生捐资树苗价值 1400 元、中华圣机 200 棵×3、甜柿树苗 200 棵×4。”[③] 通过栽植经济林木来增加村民们的经济收益。村民们也积极响应国家号召，“3 月 23 日，用 7 组社员栽种树苗，桃树 200 棵、柿子树 250 棵，价值为 1600 元”[④]；2003 年，“3 月 8 日奔赴铜冶购买树苗”[⑤]。

但是于家石头村的林木发展并非一帆风顺，栽种的林木时常会遭受破坏，而遭到破坏的原因有两个：一个是自然原因，也就是天灾。于家石头村处于太行山之中盆地地带，有时会下暴雨，虽然频次少，但是对生态环境脆弱的于家石头村会造成极大威胁。《于氏宗谱》中有于家石头村下暴雨的记载，如：“1996 年 8 月 3 日开始下雨，8 月 4 日中午 1 时整，雨水积满成河……林木冲走 200 余株，公路二处断，地岸坍塌无数，通讯电力全部断，直接损失 300 万元”，“2003 年 8 月 9 日，暴风雨晚 9:30 袭击全村大面积粮田，玉米谷子类绝收，房屋倒塌。”[⑥] 于家石头村脆弱的生态环境难以抵御暴雨的冲击，暴雨会冲走林木，冲垮房屋，给于家石头村人的生命和财产安全带来严重的威胁。除了暴雨，还有火灾，或自然形成，或因人而起，大火会给于家石头村的林木带来更严重的威胁，如果发现不及时，那么对这些林木来说就是灭顶之灾。2003 年，“3 月 28 日，滴水湾失火，火势很大，蔓延到 2 公里之外，下午 5 点护林员于四良发现”[⑦]。

另一个是人为原因，主要是偷伐滥伐，《于氏宗谱》中记载，“11 月 15 日，支沙口村民李洪科私伐于家村地域林木，被我村于四良等看林人员发现。经过

---

① 于家村于氏谱书编委会：《于氏宗谱》，2004 年，第 139 页。
② 于家村于氏谱书编委会：《于氏宗谱》，2004 年，第 145 页。
③ 于家村于氏谱书编委会：《于氏宗谱》，2004 年，第 147 页。
④ 于家村于氏谱书编委会：《于氏宗谱》，2004 年，第 147 页。
⑤ 于家村于氏谱书编委会：《于氏宗谱》，2004 年，第 148 页。
⑥ 于家村于氏谱书编委会：《于氏宗谱》，2004 年，第 149 页。
⑦ 于家村于氏谱书编委会：《于氏宗谱》，2004 年，第 148 页。

多方协商，罚现金 150 元，另外签协议一份”①。随着国家生态文明建设口号的提出，于家石头村积极贯彻省会精神，于 2004 年 6 月 6 日召开群众大会，会议内容围绕如何把于家石头村建设成为生态文明村展开。最后于家石头村决定投资 5.4 万元用以建设生态文明村。新时代以来，于家石头村积极开展绿化活动，掀起了一股建设生态文明乡村的热潮。

二、林木与于氏宗族

据考证，于家石头村村民多系明朝于谦后代，于谦被冤杀后其子迁往南峪村，迫于生活压力，长孙于有道再迁往白庙村（现于家石头村），“与木石居，与鹿豕游，筚路蓝缕以启山林，厥后生五子，协力者众，建屋植果，修塘造田”。于有道的五个儿子及其各自后人共组成五股，现在除去已迁走的三股，于家石头村还剩有大股、二股、四股和五股。这四股相互提携，团结互助，使得于氏家族在石头村繁衍生息，历经五百年，生生不息，繁荣至今。

所谓林乃村之瑞，茂以兆人兴，于氏族人已将自身的发展同林木的欣欣向荣紧密联系起来，这体现的正是于氏族人对林木一种深沉的认同和依恋。确实，从物质生存到教育发展和精神文化滋养，从承载一个宗族的气节文化、承载族人对子孙后代的美好期望到保卫族人的精神文化生活，成为宗族繁荣的象征，这些都映衬了于家石头村栽种的林木对于氏血脉的保留，也向我们充分展示着于家石头村栽种的林木与于氏宗族产生了深入骨髓、难舍难分的联系。

（一）林木与宗族生存

于家石头村气候干旱，天灾不断，自明建村以来，发生过洪灾、旱灾、蝗灾等，都严重破坏了于家石头村人的生存环境，严重威胁了于家石头村人的生命和财产安全。旱灾致使粮食歉收，粮食稀缺造成价格上涨，贫苦的百姓买不

① 于家村于氏谱书编委会：《于氏宗谱》，2004 年，第 149 页。

起粮食，只能以树皮树叶充饥。如《于氏宗谱》中提到，“1722 年康熙六十一年壬寅年大旱年，粮价上涨，民食树皮树叶。”① 这在《井陉县志》中也得到了印证：“六十一年壬寅旱大饥斗米银七钱民食树皮木叶。”② 就算不是荒年，村民们也会腌制储存一些能吃的树叶，以防冬天断粮。《井陉县志》中提到，“食惟糠菜士庶类，然每至仲秋，搽取豆藿及椒桃榆槐林木等叶，腌渍在缸以备冬月之需”③。同时，于家石头村人在自家院落周围也会栽种一些果木，比如柿树、苹果树等，林木结的果实可供家人充饥。

（二）林木与宗族教育

宗族教育至关重要，它关系着一个宗族的文化素养和发展水平。于家石头村的林木在于氏族人的教育中发挥了至关重要的作用，并成为于氏宗族办学建校的重要资金来源。早年于家石头村建学校、办学和请教师的资金就是来自南山禁林每年的收入。如“遂割村南禁坡，以储延师课读用”④。于家石头村建校碑记载：“然经费终未裕，仅薄有钱数十余吊，而学校之篝火薪水犹未敢议决也，复忆五股先祖遗产青山洼地内有柏树一棵，宣统三年于三傻售洋圆三佰元，除修补青山庙宇重塑圣像花费壹佰玖拾元，下剩壹佰壹拾元作为济民助校之需，经理人若每年量入为出，经理得宜定有盈余，将见数年之后，经费积之久而愈充，人才因之而蔚起。”⑤ 《于氏宗谱》“大年记事”也证实了此内容：“1919 年建校。民国八年阴历二月十五日，于三傻捐资助教壹佰壹拾元大洋，国学生于桂馨撰并书。”⑥ 于家石头村人将卖树而得的钱财捐资助学，于氏宗族因此“人才而蔚起”，毫不夸张地说，于家石头村的林木可谓是于氏宗族教育的奠基石。

---

① 于家村于氏谱书编委会：《于氏宗谱》，2004 年，第 135 页。
② 钟文英：《井陉县志》卷 3《物产》，清雍正九年修。
③ 钟文英：《井陉县志》卷 3《物产》，清雍正九年修。
④ 于闰斌等：《于氏家谱》，2017 年，第 411 页。
⑤ 于闰斌等：《于氏家谱》，2017 年，第 411 页。
⑥ 于家村于氏谱书编委会：《于氏宗谱》，2004 年，第 137 页。

（三）林木与宗族文化

于家石头村的林木不仅可以满足于氏族人的物质需求，还可以满足于氏宗族的精神需求。林木除了为于氏族人的生存和教育做出莫大贡献外，还作为一个载体，承载了于氏宗族的精神、气节和文化。

以松柏为代表的林木承载着于氏先祖高洁的品质和其对于氏后人“清清白白做人”的教诲。于谦曾作诗《北风吹》：“北风吹，吹我庭前柏树枝。树坚不怕风吹动，节操棱棱还自持，冰霜历尽心不移。况复阳和景渐宜，闲花野草尚葳蕤。风吹柏树将何为？北风吹，能几时！”诗中的柏树具有坚韧、无畏、顽强、挺拔的性格。它不畏严寒风雪，毅然傲立，斗雪傲霜，倔强峥嵘，素为正气、高尚、长寿、不朽的象征。[①] 在此诗中，柏树是于谦对自己精神的写照，也是对于氏后人的教诲。于氏后人们也不负期望，“在数百年风雨沧桑、日月轮回的人世旅途中，于氏子孙已将祖辈的宏大志向传承为一种忠厚善良、大公无私、勤劳勇敢、顽强自立的精神。500 年来，全村共修建石头房屋 4000 多间，石头街道 3700 多米，石头井窖地 100 多个，梯田 2400 多亩，石头用具 2000 多件。靠双手在土少石头多的深山中开辟了自己的家园，用铁锤钢钎在坚硬的石灰岩上打凿出一个灿烂辉煌的石头民俗文化村”[②]。我们有理由相信，在未来的日子里，于谦精神还会继续影响于家石头村的后人们，于氏后人们也会继续带着于谦精神，砥砺前行，开创出属于自己的新时代。

于家石头村的林木不仅是于谦精神的传承载体，也承载着于氏族人对子孙的美好期望。于氏族人多用林木给子孙命名，希望他们有林木一样坚韧的品格和精神。槐树，周代有“三槐九棘”之说法，周代公卿大夫分坐其下，故用槐棘来代指三公或者三公之位。于家村人为子孙起名“槐”字，期望子孙能够读书做官，光宗耀祖。《于氏宗谱》中有很多于氏族人是以槐起名的。如“大股十九世秀槐、文槐、三槐、春槐、树槐、润槐、成槐、进槐、槐根、秋槐、田

① 于闰斌等：《于氏家谱》，2017 年，第 411 页。
② 于家村于氏谱书编委会：《于氏宗谱》，2004 年，第 14 页。

槐、园槐、国槐、清槐、爰槐、植槐、宪槐、殿槐、深槐、根槐、素槐、槐庭”。而二股后代的子孙也继承了这一传统，二股中廿一世多是以槐起名。《于氏宗谱》记载：“二股廿一世考槐、彦槐、密槐、成槐、文槐、计槐、拉槐、根槐、瑞槐、兵槐、文槐、五槐、玉槐、秀槐、保槐、喜槐、永槐、铁槐、锦槐、国槐。”此外，还有以桂、桃、梅等美好的林木起名的，期望于氏子孙们拥有桂、梅的芳香品格和美好气质，像桃一样长寿，茁壮地成长。“如大股第十六世桂祯、桂兰、桂廷、桃科、桃娥、桃鱼”；“大股二十世梅花、梅枝”；“二股二十世桂馨、桂芬、桂月、桂荫、桂祯、桂林、桂禄、桂云、桂府、桂枝、桂春、桂兰、桂千、桂芳、桂洲、桂花、桂浦、桂盛、桂源、桂仓、桂全、桂荣、桂隆、桂龙、桂文、桂鹏、桂义、桂忙。”

于氏宗祠院内旋柏

于家石头村的林木是于氏族人精神文化生活的保卫者。于家石头村修建六座戏台，过年过节就会演出于家人自编自演的戏剧，在没有电视和网络的年代里，这些文化活动极大地丰富了村民的精神文化生活。当戏台年久失修遭到损坏的时候，于家石头村人依靠售卖林木筹集大部分资金修复戏台，于家人的精神文化生活也因此得到了保障。“1819 年重修官坊戏楼（歌楼），台前有生员于化封栽槐一株，因树老伐去，售银补修，另作村规民约，清嘉庆二十四年四月。”①

① 于家村于氏谱书编委会：《于氏宗谱》，2004 年，第 136 页。

戏台、庙宇、碑刻、圣像等也都是于家石头村人精神文化生活的重要组成部分，但林木作为于家石头村的守护者起到了关键的作用。如卖树修建清凉阁：“1760 年清凉阁修缮，卖树修阁，清乾隆二十五年七月初九日。”① 再如前文提到的“于家村建校碑”中写到“复忆五股先祖遗产青山洼地内有柏树一棵，宣统三年于三傻售洋圆二佰元，除修补青山庙宇重塑圣像花费壹佰玖拾元……”一棵柏树，不仅支援了村中的教育事业，还帮助人们重塑圣像，支撑了于家村人的精神信仰。《于氏宗谱》中还提到卖树修碑的事例：“1934 年神仙阁‘移修碑记’，民国二十四年五月。发起人于志成、于润泉、康秀林，伐老杨树售资而修。”②

于家石头村的林木是于氏宗族的象征，林木的叶茂根深象征着于氏宗族的“叶茂根深”，繁荣壮大。于家石头村于氏宗祠中有一棵旋柏，也称龙旋柏、茶柏。“龙旋柏杈分五枝，象征于氏‘根深叶茂’；树大分为五枝，正好寓意于氏家族所分之五股。”③ 于氏后人在先祖的教诲下，代代勤劳节俭，谨慎治家，不论从事农、工、商，都能谨遵家风，清清白白做人，踏踏实实做事。于氏家族也因此慢慢壮大起来，像于家石头村的旋柏一样，繁茂长青，叶茂根深。就如同《于氏宗谱》中“一脉传流碑”记述的那样：“盖闻，根深枝茂源远流长之说，虽老生之常谈，实不宜之定论也。窃忆我祖于公讳保者，我始祖友道之安孙也。其生平行动虽无所传，大约勤劳节俭谨慎以治家者也，宗族昌大已基于此矣。自量而才升世禄以降父子相承，无敢游惰，祖孙相继率皆老成，所以，啟我后人者愈积愈深焉。故自大明嘉靖以及我清乾隆期间，不过 200 余年，而我祖之分门别户者，滋有 40 余家，若者为士，若者为农，若者为工、为商，虽所业不一，要皆以克振家声为本，信乎！根深枝茂源远流长之说，非欺世也。”④ 在代代于家石头村人的努力下，民国初年时于家石头村就已经发展至 2000 余人口（未算外迁人员）。代代于家石头村人心系一处，在于家石头村需

① 于家村于氏谱书编委会：《于氏宗谱》，2004 年，第 136 页。
② 于家村于氏谱书编委会：《于氏宗谱》，2004 年，第 137 页。
③ 陈生明：《于家石头村“四奇”》，《石家庄日报》2016 年 11 月 1 日。
④ 于闰斌等：《于氏家谱》，2017 年，第 409 页。

要帮助的时刻，无论是村内居住的村民，还是身居他乡的于氏家族成员都会一同赶来，倾力相助。《于氏家谱》中记载："按家谱记之，始祖至吾辈共二十二世子孙有之在于家村者，约三百家人，共二千余口，迁他乡居者，又百余家人，又千余口。今修家庙居他乡者，均量力出资而助成焉，其概略如此。"① 于氏宗族的叶茂根深，不仅是指人数上达到了2000余人，还意指于氏族人强大的宗族凝聚力，在面对困难时于氏族人勠力同心的可贵品质。

三、林木与村落发展

于家石头村的林木与村落的发展息息相关。一个文明富足的村落，既要有强大的经济实力，又要保持良好的生态环境。自建村以来，林木就在保护于家石头村的生态环境中发挥着重要的作用。在自然灾害频发、生态环境脆弱的太行山盆地中，林木见证了于家石头村由建村到发展再到壮大，是于家村的守护者。

林木不仅维护着于家石头村的生态环境，还为于家石头村的经济发展做出了不可磨灭的贡献。林木既可以用来发展林业经济，为村人增加收入，又可以作为传统村落的重要旅游资源吸引外来游客，增加于家石头村老百姓的收入。经济发展起来了，于家石头村就可以更好地发展教育、医疗、卫生、文化等事业。而且，于家石头村采用的绿色发展方式也促使村落成为经济与生态、文化协调发展的美丽乡村。

（一）林木栽植与村落生态

自建村以来，于氏先祖就意识到保护山上原始森林的重要性。康熙三年（1664）立禁山林碑，碑文如下："林乃村之瑞，茂以兆人兴，故吾始祖留得南山与青山洼为禁林区，约五百亩。然后人时有毁林之为，族人于朋、于王巳、

① 于闰斌等：《于氏家谱》，2017年，第409—410页。

于准、于文庆、康祥等人立约，禁牛羊，绝砍伐，如有违约者，毁一罚十。纵火者，如违约不认罚者绅耆乡甲逐村外。”① 正是有于氏先人的远见卓识和历代族人的严格遵守，才使得于家石头村在深山之中长久生存下去。

新时代以来，于家石头村人也积极响应国家政策，加大生态建设投资，大力开展绿化活动。如《于氏宗谱》中记载：“2004 年 8 月 2 日，生态村建设投资 5.4 万元（其中办公室 9560 元、展牌 10 800、绿化 15 000 元、垃圾桶 2000 元、卫生所及其他 16 400 元）”②。如今，于家石头村大力发展旅游业，同时保持着村落独有的古朴与温馨。

（二）林木栽植与村落经济

中华人民共和国成立以来，于家石头村人承包果园，栽种果树和用材林，获得可观的农副业收入。于家石头村土少石多，平地少山地多，为数不多的平地土壤需要种植粮食，而大面积的山地就可以发展林业经济。

随着国家“绿水青山就是金山银山”等发展理念的提出，于家石头村人敏锐地抓住时机，积极调整发展方式，改变以往传统的经济增长模式，着力发展乡村旅游业。于家石头村人善于发现和挖掘于家石头村的文化资源，村中青山洞处的两棵黄栌树、于氏宗祠院内的旋柏、全神庙的荆木柱以及南山红叶便成为于家石头村宣传的特色景观。

黄栌树、旋柏和荆木柱都被外界誉为于家村四奇之一。“黄栌树，位于石头村南 2.5 公里处的沧山龙门青山洞处。山门左右两边有两株大树，一为黑叶树，一为红叶树，势如黑脸、红脸两位将军在守御着山门。红叶树即黄栌树，为中药材，因其木质含有大量可作染料的黄色素而得名。黄栌本为灌木黄栌条，历经岁月沧桑竟然长成树围一米许、高达八米余的参天大树。如此粗大的黄栌奇树，在太行山区可谓绝无仅有，堪称‘红叶栌王’。龙旋柏，在于氏宗祠院内长有一棵高 15 米、树围 1 米、杈分 5 枝的古柏。因其柏树身由下而上旋

① 于闰斌等：《于氏家谱》，2017 年，第 395—396 页。
② 于家村于氏谱书编委会：《于氏宗谱》，2004 年，第 151 页。

转生长，形若苍龙盘柱，故有‘龙旋柏’之称。又因用其叶当茶煮清香可口，所以又有‘茶柏’之谓。龙旋柏杈分五枝，象征于氏‘根深叶茂’，树大分为五枝，正好寓意于氏家族所分之五股。大股一枝较粗，二股一枝较细，依次排列。令人称奇的是，第三枝向外探出直指北方，恰巧第三股的人早已迁到山西大同定居。是天地作合还是偶然巧合？令人遐想。荆木柱，村中建于清顺治年间的大王庙，因后人一庙供奉多路神仙，在墙上悬挂有‘天地全神案’，因此又被称为‘全神庙’。庙内进门处，左右竖立两根荆条木明柱。明柱直径 0.63 米、高 3.5 米左右，据传均采伐于村东南卧虎山老虎洞悬崖处。荆条系灌木科，多丛生，枝条细长而柔软，是编织柴筐、藤篓、条篮之类的灌木。荆条灌木成材，能长得如此粗大，且能顶梁立柱，可见其生长年代之久远。荆木成柱，在太行山区实属罕见。”① 这便是于家石头村四奇之三奇，相信人们看到这样的宣传之后一定会对于家石头村产生遐想。

电视台也曾宣传过于家石头村的南山丛林。2003 年 11 月 17 日，有媒体报道：“带领大家穿梭于南山丛林，观赏九九重阳的红叶。相信吗？就在河北，就在你的身边，有一处宁静安详而又美丽的去处，它的名字就是石头村。”②

结　　语

如今，于家石头村或许也存在发展瓶颈。于家石头村的经济发展不平衡不充分，难以满足广大村民对美好生活的需要。未来的发展中，于家石头村或许可以试着将民生和经济发展相结合，让更多的人参与到经济建设中来，将农家乐发展得更广泛一些，同时坚持绿色发展、创新发展。例如，可以利用美丽的南山红叶开发出既有纪念意义又有实用价值的文创产品（如树叶画、书签等），也可以利用互联网直播于家石头村的特产水果和风景胜地，让于家石头村的林

---

① 陈生明：《于家石头村“四奇”》，《石家庄日报》2016 年 11 月 1 日。

② 于家村于氏谱书编委会：《于氏宗谱》，2004 年，第 148 页。

木再为村落的经济发展贡献力量。

综上所述，于家石头村的林木与于氏宗族和本村发展有着千丝万缕的联系，无论是在宗族生存、宗族教育、宗族文化上，还是在村落的生态发展、经济发展上，林木都起到一定的作用。五百年来，于家石头村的林木早已融入于家石头村人的生命和生活之中，成为于家石头村不可或缺的一部分。在当今时代，于家石头村人能否继续利用好林木资源，为于氏宗族与于家石头村的发展探索出一条全新的道路，也许是于家石头村人应该关注的问题。

（指导教师：范喜茹）

妇女篇

于家石头村妇女生活

李丽颖

今天我们走进于家石头村，从历史中寻找记忆，通过对话的形式探寻过去和现在女性的婚姻。

一、石头村的整体特点

天顺元年正月二十二日（1457 年 2 月 16 日），于谦以意欲谋逆之罪在他浴血守卫过的京城遇害，抄没其家，儿子于冕和女婿朱骥等发戍边卫。

石头村凭借封闭独立的地理优势成功吸引了为躲避官府追查的于家后人。明朝忠臣于谦死后，于谦之子隐居井陉南峪村，留有三子：于有道、于东道、于南道兄弟三人。成化年间（约 1486）因生活所迫，于有道携家眷秘密迁居于旷野深山隐居。石头村就是于谦后代为躲避追杀选择的栖身之地，其封闭独立的地理优势使于家后人平安定居，并繁衍百年薪火不辍。崎岖的山路是通往石头村的一大特点，即使现在已经是柏油马路，但弯曲环山的地形绝对可以作为石头村自我保护的天然屏障，从石头村驱车到达最近的市区至少需要三个小时。[①] 姓氏单一也是石头村的一个特点。崎岖的山路、偏远的位置使村庄封闭，于谦的后代自成一方，甚至在很长时间内没有入侵者或者其他迁入者。这样的情况使这个村庄前期只有于姓家族，后来才有少数康姓迁过来，但石头村还是

① 据笔者 2021 年 7 月 2 日在于家石头村对于××的访谈。

以于姓为主。目前石头村已开发成旅游区，进村的大门充满现代气息，但还是保留着前人留下的四个大门，位于东南西北四个方向，将整个村子围起来，时刻处于保护状态。大门设计独特，分为两层，土质墙体，下面通人，第二层供奉着菩萨等神像。石头村一直对祖先充满敬畏，尽最大可能保留着祖先智慧的结晶。村里的房屋和展厅都是石头构造，保持了最初的原始性。石头村拥有百年历史，这里有着传承的痕迹。中华人民共和国成立后，尤其是改革开放后，无论是在经济上还是在政治上，女性都进行了自我的解放，展现出了现代女性的独特魅力。

二、石头村原有妇女生活介绍

几千年的传统社会使中国形成了传统意义上的以父权为核心的家庭关系，对女性的要求无不以三从四德为准绳，男尊女卑思想根深蒂固。首先，中国传统社会奉行“父母之命，媒妁之言”的包办婚姻，这是父权观念的体现。其次，在传统家庭内部男尊女卑，这是夫权观念的体现。在父权和夫权的控制和压迫下，女性虽有一定的自主空间，但地位低下，两性处于不平等的状态是不争的事实。即使在相对开放的唐朝，女性可以不局限于深宅，拥有自己的外出娱乐活动，但是我们无法否认唐代妇女身上的枷锁仍然存在。中国历史上第一位女皇帝武则天，陆贽曾称赞武则天的功绩：“累朝赖多士之用。”她在位期间开创殿试、武举，奖励农桑，改革吏治等多种兴国的措施，但是多少辉煌的背后却只留下一块无字碑。武则天自知其陵碑无法回避以周代唐之事，她自颂功德在她死后并不算数。①

同样对女性的压迫也一直在石头村妇女身上得以体现。传统伦理的夫为妻纲、三从四德也在具有百年历史的石头村有所体现。石头村是于谦的后代为避

① 祁和晖：《武则天陵墓前“无字碑”解读》，《西华大学学报（哲学社会科学版）》2014 年第 6 期，第 17—20 页。

祸而选择的栖身之地。为了抵御外敌，保障村子的稳定，智慧的于家人开始兴起武术，同时招募护村员，但主体是男性参与，女性却因为身体原因不能参与。这在某种程度上就会降低女性的地位。石头村修建的历史博物馆中目前藏有三寸金莲鞋，可见束脚这种行为是存在于石头村的，甚至为了减轻家中负担，还会存在杀掉自己女儿的行为。石头村的妇女基本上到 20 世纪 60 年代还是经人介绍，同时穷人家的孩子为了娶上妻子存在换亲的情况，嫁到石头村的武巧林阿姨就是其中之一。武阿姨哥哥娶了男方家的妹妹，女方嫁给了男方。我们的传统观念是男主外、女主内，但是与其说女性在管理家庭，不如说是女性在辅佐男性，男性因忙于外面的事务无暇顾及家庭，这时女性的作用就凸显出来了。这和费孝通先生“耕种活动里分工的程度很浅，至多在男女之间有一些分工，好像女的插秧，男的锄地等。这种合作与其说是为了增加效率，不如说是因为在某一时间男的忙不过来，家里人出来帮帮忙罢了”① 的说法不谋而合。于叔叔说石头村有一户非常出名的人家，一家出过十几个秀才。在这个大家族中，一家之主还是男性，即使是深宅内院之事依然是由父亲或是其他男性做主。无论是未出嫁前作为女儿，还是出嫁后作为妻子，女性的地位一直都处于社会底层。正如于雨庆爷爷所说，妇女的地位是最底层的，她们所承担的生儿育女、洗衣做饭的责任一直都没有改变。可见，对女性的压迫在石头村还是很浓厚的。②

三、石头村妇女生活及地位的变化

石头村妇女地位得到提高是在新中国成立后尤其是在改革开放后尤为明显，具体体现为妇女在婚姻上有了自主选择的权利。1950 年，我国颁布了《婚姻法》，这有效保障了妇女的合法权益，妇女的文化水平逐渐提高。

---

① 费孝通：《乡土中国》，作家出版社 2019 年版，第 16 页。

② 据笔者 2021 年 7 月 2 日在于家石头村对于××的访谈。

(一) 1950 年《婚姻法》

传统社会是男权社会，实行以男尊女卑为核心的性别制度，妇女作为弱势群体一直处在社会底层。近代以来，由于救亡运动和社会变革，国家注意到女性的力量，并把提高妇女地位，动员妇女参加社会活动作为实现中华民族伟大复兴的重要途径。

1949 年新中国成立后，中国共产党开展妇女解放运动，并通过政治、经济和社会制度的改革对乡村社会及性别制度、性别观念进行改造，妇女被正式纳入国家社会体系中。

中国共产党一直将解放妇女、实现男女平等作为奋斗目标，将妇女事业作为党的事业的重要组成部分。1949 年 9 月，《中国人民政治协商会议共同纲领》在总纲中明确赋予妇女各项社会权利，废除压迫妇女的封建制度，妇女在政治、经济、文化教育、社会生活各方面均享有与男子平等的权利；实行男女婚姻自由。①

1950 年《婚姻法》是国家构建以男女平等为核心的性别制度的第一步。《婚姻法》第一章便开宗明义地表明了该法的基本原则，即“破旧立新”，废除传统婚姻制度，实行新民主主义婚姻的制度。在离婚方面，允许男女双方自愿离婚。在贯彻婚姻法过程中，农村妇女基本确立了婚姻自主权，婚姻观念发生了转变，且获得了婚姻自由的权利，自由恋爱现象增多，离婚和再婚也不受社会的指责。新《婚姻法》规定了夫妻之间的权利和义务，明确指出夫妻在家庭中地位平等，均有选择职业、参加工作和参加社会活动的自由。1950 年《婚姻法》的颁布构建了与传统婚姻制度迥异的现代婚姻制度，实现了妇女解放，构建了团结、民主、和睦的新型家庭关系。

除了 1950 年《婚姻法》外，之后颁布的《土地法》《选举法》《宪法》等法律都明确规定了妇女在家庭和社会上应享有与男性平等的政治、经济、文化

① 张志永:《建国初期华北农村婚姻制度的改革》,《当代中国史研究》2002 年第 5 期，第 71—79 页。

教育等各方面的权利。国家以立法的形式确立了男女平等的两性关系，赋予了妇女各项权利，有力地规范了人们的性别行为，对提高妇女地位、实现妇女解放有着极为重要的意义。

石头村虽然远离城镇，但是政府把改革婚姻制度当作解放妇女的重要内容，通过行动保障妇女权益，对旧的传统婚姻旧俗进行了改革，大力宣传婚姻法。

（二）妇女文化水平的提高

在封建社会，父母在婚姻中起主导地位的思想早已存在于每一个待嫁闺中的女儿身上。出嫁后从夫，生儿育女，被视为女人一生的任务。在 20 世纪 80 年代的高丽春阿姨曾说，在结婚前会对结婚对象有所要求，但是为了早日安定，其实在以结婚为目的的交往过程中就慢慢淡化了自己的要求。

思想观念是约束人们行动的根本，因此，改变农村妇女的思想观念是动员的根本途径。而最能从心底处改变妇女思想的就是潜移默化的文化，如“近朱者赤，近墨者黑”说的就是环境带给人的变化。石头村具有浓厚的文化底蕴，村内设置有小学，负责教授文化知识。新中国成立后，尤其是改革开放后，石头村村民整体学历可以达到初中文化，基本上消灭了性别歧视。在当时，小学是由父母提供学费，到了初中甚至高中，家庭就不再承担学费了，学生可以通过上山砍柴的方式来抵销自己的学费。土地是家庭赖以生存的基础，为提高土地的利用效率，人们需要精耕细作。这时，人工的作用就充分体现出来了，家庭就会让自己的孩子不再念书。但石头村的情况比较特殊，土地较少，国家分地后，一人一亩七，都是旱地。较少的土地不需要过多的劳动力，这时孩子就不再纳入耕种土地中，也不会因此退学。改革开放为人们提供了巨大的机会，开商店做买卖开始兴起，男女搭配，共同经营小买卖。这时知识的力量开始显现，女性相对细腻，加上识文断字可以管理账目，女性学习的外在阻力在不断缩小。文化优势是石头村妇女乃至全国妇女得以走出去的先决条件。

（三）女性干部的出现

近代以来，女性一直活跃在中国救亡运动和社会变革中。妇女自身积极学习文化知识，并广泛参加生产劳动与社会各项事务的管理。

发动农村妇女参加社会化大生产是新中国成立后的重要内容。中国共产党根据新中国的国情，在马克思主义妇女理论的指导下，采取多种宣传方式，制定福利政策，运用国家力量使乡村妇女大规模地走出家门，进入公共领域，投入到生产劳动中。女性开始进入社会，成为国家建设的重要力量。

集体化时期设立妇女队长，统领着妇女，给她们分配任务。计划生育时期，村里必须有女干部，由国家指派宣传计划生育政策。在法律层面，男女也拥有了同等的投票权。妇联主任的出现是女性参政的一大体现，现在村里除妇联主任外没有其他妇女干部。社会在变，人处在社会中也会随之变化，其中石头村妇女的变化是最明显的。街边大妈和阿姨在推销自家小院产的特产来补贴家用，旅游中心大量的女性导游自信地带领着游客游览家乡的美景。

四、新中国成立后尤其是改革开放后离婚率的变化

婚姻和家庭是这个社会制度的组成部分，因此我们把婚姻家庭比喻为社会的细胞。它虽然小，却饱含着政治经济、思想文化和宗教信仰。社会习惯等内涵，从某种意义上可以反映整个社会制度。作为最原始的两性关系，婚姻与妇女、妇女解放的关系密不可分。①

传统婚姻制度讲究三从四德，要求妇女从一而终，故离婚成为男子的特权，传统社会只存在夫休妻，几乎不存在妻子主动要求离婚的现象。被休后的妻子多半被认为是不守妇道，会遭到社会舆论的指责。对于离婚妇女和寡妇而言，再婚困难重重。

---

① 中央人民政府法制委员会编：《中央人民政府法令汇编》，法律出版社 1982 年版。

李景汉先生在《定县社会概况调查》中指出，农村早婚现象明显，初次结婚的男子年龄最低者为 7 岁，农村中夫妻年龄悬殊的情况也比较突出。① 结婚可以作为一生必须完成的重要任务，无论男方多大，最后经人介绍都会结婚成家。玉爷爷 40 岁结婚，女方比男方小了将近 20 岁。于谦的一生只有一位妻子，在妻子死后并未纳妾。于家石头村具有将近 500 年的历史，作为于谦的后代，他们把于谦精神带到了这里并生根发芽。从采访到的情况看，这里的男人老实本分，勤劳智慧，男方一旦成婚都会从一而终，离婚率很低。

但是随着时代的发展，没有感情的婚姻便不再牢固了。此时男女双方婚姻缔结主要是经人介绍，父母的干预程度逐渐降低，双方的意愿开始受到重视，同时社会对于女性的理解和宽容不断深入。在 20 世纪八九十年代，即使双方已经孕育子女，如果情感上出现了问题，最后还是免不了离婚的结局。例如嬴奶奶的大儿子离婚了，离婚后孩子归男方。这绝对不是个例，而是一个社会风向标的体现。

20 世纪 70 年代，中国家庭中一般就是两个孩子，而在五六十年代，家庭中基本都是五六个孩子甚至更多的孩子。生于 1931 年的于雨庆就有 5 个兄弟姐妹，1968 年的于叔叔也有 5 个兄弟姐妹。这种情况在石头村是非常常见的，并不是个别现象。马尔萨斯②的《人口论》似乎最适合解释中国的国情了，中国人口的庞大实在是农业经济造成的，在利用人力和简单的工具去经营农业的时代，这也许是不能避免的现象。农作活动是富于季候性的。农忙时节，在很短的时间内，必须做完某项工作，不能提早，也不能延迟。若是要保证在农忙时节不缺乏劳力，在每一个区域之内必须要储备大量人口。③ 中国千年的农业经济不能缺少人口，老百姓为了在生产效率低下的时代吃上饭，也愿意并且必须多生孩子。

20 世纪 90 年代至今，孩子早已不是阻挡父母离婚的有力武器了。以传统

① 李景汉编：《定县社会概况调查》，中国人民大学出版社 1986 年版。

② 托马斯·罗伯特·马尔萨斯（1766—1834），英国人口学家、政治经济学家，其著作《人口论》呼吁采取措施降低人口出生率。

③ 费孝通：《乡土中国》，作家出版社 2019 年版，第 51 页。

农业为基础的中国，劳动力是家庭的重要财富，但是土地所需劳力的分量是随着农业技术的改变而改变的。随着生产技术的进步，大型生产工具的出现，以农业为主的中国家庭不再需要大量的劳动力了，随之而来的就是生育意愿的不断降低。

2011 年 11 月，中国各地全面实施“双独二孩”政策。2013 年 12 月，中国实施“单独二孩”政策。2015 年 10 月，《中国共产党第十八届中央委员会第五次全体会议公报》指出：坚持计划生育的基本国策，完善人口发展战略，全面实施一对夫妇可生育两个孩子的政策，积极开展应对人口老龄化行动。第十三届全国人民代表大会常务委员会第三十次会议表决通过了关于修改《中华人民共和国人口与计划生育法》的决定，“一对夫妻可以生育三个子女”正式写入了法律。

结　　语

通过采访发现，随着时间的推移，现代生活慢慢地进入石头村，现代医疗也进入人们的生活，医疗条件变好了，人均寿命也得到了提升。中华人民共和国成立 70 余年，中国人民的生活发生了翻天覆地的变化。

（指导教师：刘洁）

关于井陉于家石头村妇女生活的调研报告

冯俊华

暑假期间，跟随学院老师和同学，我们一起深入了太行山腹地，完成了河北省井陉县于家石头村历史文化的调研活动。作为太行山区的一个古村落，于家石头村妇女的婚姻及生活状况的变化也是太行山区乃至全中国女性生活状况变化的一个缩影。在两天时间内，通过参观古村落以及走访询问当地于氏家族的人，我对于家石头村妇女的生活和婚姻状况有了初步了解，感受颇深。

一、受教育问题

新中国成立初期，土地改革运动的完成让中国社会生活的方方面面发生了深刻的变化。此时，中国的基础教育非常薄弱，文盲率高达80%以上，尤其是农村的文盲率更是高达95%以上。农村经济的复苏使农民的文化需求日益增加，不识字给劳动人民带来了许多不便，从国家的角度来看，更是严重制约了社会经济的发展。于是，扫除文盲成了新中国的一项重要工作。为了解决这一问题，新中国在20世纪五六十年代先后四次开展轰轰烈烈的扫盲运动。为了便于统一开展扫盲工作，各级政府根据本地的实际情况制定扫盲规划，各地方成立了扫盲队和扫盲协会。每个村兴办起冬学，冬学一般是白天和春夏秋都不开课，只在每年农闲季节开课，有的地方又叫作夜校，形式上有妇女识字班、青年夜校、干部学习班等。村民们在田间地头进行集体大学习。经过集中学习，大多数学员已经能记账、写信和阅读普通书报了，基本上达到了扫盲的要求。

但由于扫盲存在地域的不平衡性，尤其是对于地处太行山区的女性来说，虽然也上过扫盲班，但并不普遍，成效也不显著。我们采访了一位出生于20世纪40年代的于家石头村尹姓奶奶，她是从隔壁村嫁到于家石头村的。她所处的年代民众受教育程度普遍低下，尤其女性的受教育程度更低，而据她说，她自己并未上过学。当然，这主要是因为家庭贫困，大部分女孩子上不起学，只有家境富裕的一些女孩才有机会接受教育，不过能够接受长时间的教育也是很难的。即便是入学，当时开设的课程远不及现在丰富多样，只有语文和算术，老师也多为本村人员，师资力量薄弱，所以我们不难理解如今许多年长的老人不认字。不过，尹奶奶在扫盲时期参加过夜校，只是由于那时尹奶奶刚生完孩子不久需要照顾小孩，家里人对此也不是很支持，所以尹奶奶只上了两天的夜校，这也是当时大多数中国妇女的一个缩影。据尹奶奶说，当时对于扫盲，村干部的态度是大力提倡、强制要求的，而且当时上扫盲班和夜校的情景也是十分热闹的。① 虽然参与人数较多，但受限于当时的社会生产现状以及根深蒂固的传统思想的束缚，民众对扫盲运动的重视程度并不充分。

改革开放后，中国女性的受教育率得到了大幅度的提升。1983年，邓小平题词“教育要面向现代化，面向世界，面向未来”，提出了教育现代化的任务，随后提出了新的教育方针：“教育必须为社会主义建设服务，社会主义建设必须依靠教育。”在这一政策下，不仅女性教育得到了发展，全民教育水平都得到了提高。我们采访的另一位主人公是出生于20世纪70年代的李艳娟，这时女性受教育情况已经有了很大改观。据她说，她们这一代人大多数都接受过教育（初中毕业或小学毕业）②，我们不难看出新中国成立后中国教育事业得到了快速发展。到了20世纪七八十年代，女性接受教育已由被动转为主动，不能

① 笔者于2021年7月3日采访河北省井陉县于家村尹××（女，75岁）。

② 笔者于2021年7月3日采访河北省井陉县于家村李艳娟（女，48岁）。

上学的现象已很少出现。

百年大计，教育为本，教育是国家发展壮大的重要支柱。国家教育领域的性别平等也是国家现代化的重要内容，女性教育的进步对国家的发展无疑是十分重要的。

二、妇女劳动问题

早在根据地时期，中国共产党就十分重视妇女解放、男女平等，将劳动解放视为妇女解放的重要标志。在具体实践中，中国共产党重视发挥妇女在农业生产中的作用，大量妇女参加劳动成为根据地经济与社会发展的重要力量，同时也提升了自身的地位。新中国成立初期，国库空虚，经济疲敝，尽快建立一个繁荣昌盛的现代工业化国家成为首要任务。中国工业的落后决定了须从农业调取资金发展工业，而要做到这一点，又须由国家控制农民的生产资料，于是就有了一步步的集体化运动。当家庭生产变成集体生产之后，就需要调动一切能够使用的劳动力，以扩大农业积累，为国家的工业化积累资金。由此，乡村妇女作为一种亟待开发的劳动力资源，开始大规模登上了历史舞台。在这一过程中，男女“同工同酬”是一种颇为重要的动员方式。在集体化这一新的历史时期，发动妇女参加劳动仍然是寻求妇女解放、增加农业生产的重要手段。但与革命时期不同的是，男女“同工同酬”在其中开始成为实现这一目的的重要措施。

由于历史和现实原因，实现男女在社会经济建设和家庭生活中完全对等几乎是不可能实现的。女性和男性一样，参加劳动挣工分，但除此之外，妇女从田间地头回到家里后还要干家务活，这些家务活也发生在家庭内部，却被人们看成是“妇女的工作”。毫无疑问，这些家务劳动单方面增加了女性的负担，却被自然而然地认为是女性的任务。在 20 世纪五六十年代时妇女社会地位依然低下，女性在家里做饭、收拾家务和繁育后代，男性是妇女的天，家里的大事都由男性做主，这种情况也不单单是由外界因素导致的。我们采访的于雨清老先生说，“当时妇女自己就瞧不起自己”①。的确，这种心理因素经过封建社会的长期发展早已根深蒂固，而这种状况直到改革开放后才得到明显改变。

于雨清老先生的话也印证了以上所述，他说，新中国成立前妇女不外出参加农业劳动，只在家里收拾家务，照顾一家人的生活；新中国成立后，妇女开始下地干活挣工分（一个工分大概一毛五分钱），女性的政治地位也随之得到提高，出现了妇女队长（主要工作是分配妇女劳动任务）。②

改革开放后，中国社会经济高速发展，传统观念逐渐转变，非农转移就业步伐加快，于是农村妇女进城务工的越来越多。于家石头村的李艳娟就是进城务工中的一员，结婚后也曾多次外出打工。在中国有很多和李艳娟一样的女性，她们和男性一起组成了中国庞大的劳动力大军，作为产业工人的一部分积极参与社会主义建设，极大地推动了我国经济社会迅猛发展。③

一直以来，妇女都是社会发展的重要力量。妇女参与劳动，一方面实现了自己的个人价值，使其真正享有人格上的尊严，对自己的现在和未来充满信心，也提高了其社会和家庭地位；另一方面，妇女是我国社会主义现代化建设事业中不可缺少的一支生力军，她们参与劳动极大地促进了我国经济社会的迅猛发展。

三、婚姻问题

婚姻制度是一种重要的社会规范，婚姻联系着个人、家庭与社会，是国家稳定发展的重要元素，婚姻制度的历史演变也见证和审视着人类文明的发展和

① 笔者于 2021 年 7 月 4 日采访河北省井陉县于家村于雨清（男，90 岁）。

② 笔者于 2021 年 7 月 4 日采访河北省井陉县于家村于雨清（男，90 岁）。

③ 程铭莉：《改革开放以来进城务工妇女的生存发展——基于马克思主义妇女理论的启示》，《长白学刊》2019 年第 2 期，第 125—131 页。

巨大进步。[①] 清末民初，传统婚姻开始向现代变革。辛亥革命和五四运动之后，大批进步知识分子以自由、平等和妇女解放思想为武器，向封建旧礼教、旧道德、旧思想、旧文化发起了猛烈冲击，对封建婚姻制度和观念进行了激烈的批判，形成了前所未有的婚姻变革思潮。自由恋爱、婚姻自由、夫妻平等、家庭民主的婚恋观念在包括女性在内的知识分子和青年学生群体中逐步树立并广泛传播。1950 年，我国颁布了《婚姻法》，此后又经历了两次比较大的立法变化。而婚姻法治的历史变迁是一个时代变迁和社会文化转型的晴雨表，从中也折射出新中国成立以来政治、经济、文化、社会等方面的巨变，我国的婚姻制度与婚恋风俗也在经济社会发展中不断变革与进步。

在井陉县于家石头村的采访资料也客观而真实地反映了新中国成立后几十年妇女婚姻生活的变迁。

尹奶奶（1946 年生人）和丈夫是相亲认识的，在结婚前，双方只见了一面，虽然不是包办婚姻，但她的婚姻经历体现了当时社会封建落后的残余思想还未完全消除。这场婚姻还是由双方父母主导的，当时女方父母说男方老实能干，于是她听取了父母的意见。当时男女婚前经常见面是要被周围人说闲话的，所以即使是彼此确定的结婚对象，双方正式结婚前只见一面的情况也很常见。[②]

于雨清老先生是在 1953 年结婚的，当时他在外工作，是自由恋爱，父母对他的婚姻未多加干涉，这在当时是十分开明的。当时男性的法定结婚年龄是二十岁，女性的法定结婚年龄是十八岁，不过老先生说也有少数人结婚早于法定年龄。[③]

我们还采访了一位于家石头村女性[④]，她和之前走访的村里人有很多共性，但也有一些不一样的地方。她和丈夫也是经人介绍认识的，当时已经是 20 世纪 90 年代了。改革开放后，人们的思想得到了很大程度上的解放，尽管是经

---

① 颜野：《三份婚书看近代婚姻制度的发展》，《云南档案》2019 年第 6 期，第 40—43 页。

② 笔者于 2021 年 7 月 3 日采访河北省井陉县于家村尹××（女，75 岁）。

③ 笔者于 2021 年 7 月 4 日采访河北省井陉县于家村于雨清（男，90 岁）。

④ 笔者于 2021 年 7 月 3 日采访河北省井陉县于家村于××（女，50 岁）。

人介绍认识的，双方在认识两三年后才结婚。据她说，当时嫁过来的时候，婆家给了 2000 元的彩礼。

因为于家石头村几乎都是于氏后人，所以村内的媳妇多数是外村或者外地的（也有少数出了五服的于家姑娘嫁本村的）。其中我们采访的李艳娟，她的娘家是东北的，她是由人介绍嫁到于家石头村的（介绍人也是从东北嫁到于家石头村的），从东北嫁到河北，对于那个年代来说，可谓是需要极大的勇气。因为离得远，李艳娟 23 岁那年订的婚，订婚后不久就结婚了。据她说，结婚后丈夫对她很照顾，虽然不掌握财政大权，但她对家庭事务不用操心，经济来源主要由丈夫负担。①

通过调研走访，笔者进一步了解到于家石头村妇女婚姻生活的变化，自 20 世纪三四十年代以来，随着政权的更迭、社会经济的发展、自由平等思想的传播，女性地位不断提高，我们采访的几位妇女自我感觉家庭生活都很幸福。女性的生活和婚姻从另一个方面也可以折射出男性的为人和态度，我们不难看出于氏家族的男性敦厚老实，为人善良。于家人传承了先祖的文化气质，形成了自己特有的乡土文化传统。

四、生育问题

1949 年到 1953 年，我国实行的是鼓励生育、促进人口增长的政策。新中国成立伊始，百废待兴，经济建设与民族复兴需要大量劳动力投入。毛泽东在《唯心历史观的破产》中指出。“中国人口众多是一件极大的好事”，“只要有了人，什么人间奇迹也可以造出来。”由于战争的摧残，当时我国人口相对较少，政府出台了限制避孕和人工流产的政策，鼓励人们生育，促进人口增长。1950 年 4 月，《机关部队妇女干部打胎限制的办法》发布，其中规定“为保障母体安全和下一代生命，禁止非法打胎”。1952 年，在上述规定的基础上，国家卫

① 笔者于 2021 年 7 月 3 日采访河北省井陉县于家村李艳娟（女，48 岁）。

生部制定了一个面向全民的《限制节育及人工流产暂行办法》，将适用于机关部队妇女干部的规定在全国推广。1953 年，国家卫生部又以“与国家政策不符”为理由，通告海关禁止进口避孕用具和药物。这些政策都强化了人们多生多育的观念和行为。这种政策对于增加人口数量作用明显，但是生育多个子女对于女性身体来说的确不利，而且当时的医疗卫生条件并不发达，因生育婴儿而去世的女性也不在少数。

在鼓励人口生育的政策下，新中国成立初期，我国人口迅速增长，这给各级职能部门造成了巨大负担，也对经济的发展造成了一定的阻碍。因此，从 1954 年起，中国进入了提倡节制生育的阶段。1956—1968 年是中国计划生育政策的反复阶段。到了 20 世纪 70 年代，党和政府开始实行比较严厉的计划生育政策。1971 年，《国务院转发卫生部军管会、商业部、燃料化学工业部“关于做好计划生育工作的报告”》中提出：“一个不能少，三个多了，两个正好。”虽然提倡节制生育，但由于人口基数庞大，仅靠提倡节制生育不能改变当时人口迅速增长的状况。庞大的人口规模与经济发展目标之间产生剧烈冲突，而生产力发展解决不了人口众多带来的粮食紧缺、受教育率低、就业率低等一系列问题。此时，新中国成立初期出生潮中出生的人口也即将成为生育大军。毫无疑问，这将给我国经济发展带来极大压力。1978 年 3 月，“国家提倡和推行计划生育”首次被写入宪法，并在全国严格执行。

在于家石头村的采访也基本证实了该村的生育问题与国家政策是息息相关的。新中国成立初期，为了发展生产，国家实施的是鼓励生育政策，据于雨清老先生讲，当时生育一个子女国家奖励 4 块钱，如果是双胞胎就奖励 12 块钱，“那时候奖励还是真不小”①。而尹奶奶一共生育了三个孩子，两个儿子，一个女儿。不过令我感到新奇的是，尹奶奶生育子女采取的是新式接生方式，是去医院接生的。在坐月子期间，家里确实困难，吃不起鸡蛋这一类的营养品，但是也有米汤一类的食物给她补身体，这也可以看出当时民众对妇女的生育问题还是十分重视的。

---

① 笔者于 2021 年 7 月 4 日采访河北省井陉县于家村于雨清（男，90 岁）。

而我们采访的另一位女性于某某生育了两个孩子①，接受采访的李艳娟仅生育了一个孩子。②

计划生育一直是各界关注的热点，中国计划生育政策的实施使世界70亿人口日推迟了5年，为其他发展中国家解决人口与发展问题做出了表率，树立了负责任人口大国的良好形象。随着社会的发展，从单独二孩到全面二孩，再到如今的三孩政策，我国的生育政策也在不断调整，与经济社会发展相适应。

五、女性缠足问题

女性缠足是中国特有的一种陋习，其开始时间莫衷一是，时间跨度极大。但可以明确的是，明清时期是缠足的鼎盛时期，当时，缠足之风蔓延至社会各阶层的女子，不论贫富贵贱，都纷纷缠足。无须多言，缠足的原因是多方面的，缠足时代下，人们无不以裙下纤纤作足样为美，而自古女子都有一颗爱美之心，为博“美”名，那些为美盲从的女子谁也不甘落后，争妍斗艳，结果使得缠足之风愈演愈烈。除审美因素之外，还有礼教观念、婚姻择偶、权贵引领和文人提倡等原因，总之，中国古代社会在很长时间内缠足之风盛行。

毋庸置疑，对于女子而言，缠足是一种有百弊而无一利的酷刑。到了清末，民众思想渐渐觉醒，于是出现了反对缠足、崇尚自然的天足运动。尤其是进入近代以来，反对缠足的呼声日益高涨，这和来华洋人有着十分重要的关系。鸦片战争后，随着国门被打开，越来越多的西方人士来到中国，对于中国妇女的一双小脚，他们有猎奇，有讥笑，有抨击，但不论表现出的心态如何，他们视缠足为野蛮残酷无人性的行为是一致的。当然，他们不可能想着去改变中国人的这一陋俗，而这时的中国人天朝上国的迷梦破灭，面对外来思想有了一种崇拜的心理。面对这番抨击，他们开始进行反思，渐渐地由少数人的觉悟

① 笔者于2021年7月3日采访河北省井陉县于家村于××（女，50岁）。
② 笔者于2021年7月3日采访河北省井陉县于家村李艳娟（女，48岁）。

转变为普通民众的觉悟。除民众觉悟之外，政府在禁止缠足方面起的作用是十分明显的。

晚清时期，以康有为和梁启超为代表的维新派人士在民间创立禁缠足团体，经过他们的提倡，社会上对缠足问题的看法有所改变。直到戊戌变法时期，为了在全国范围内迅速取缔缠足陋习，康有为专门上奏《请禁妇女裹足折》，在奏折中痛陈妇女缠足之害，得到了光绪帝的支持，下达谕旨禁令缠足，只是不久政变发生，维新变法失败。但缠足有害和崇尚天足的思想早已深入人心，轰轰烈烈的天足运动成为历史潮流。之后，慈禧太后下达了劝禁缠足的懿旨，地方上的封疆大吏也纷纷响应。

民国时期，政府公布法令，对裹脚者进行罚款。1912 年 3 月 11 日，孙中山令内务部通饬各省劝禁缠足。令文说："夫将欲图国力之坚强，必先图国民体力之发达。至缠足一事，残毁肢体，阻阏血脉，害虽加于一人，病实施于子孙，生理所证，岂得云诬？至因缠足之故，动作竭蹶，深居简出，教育莫施，世事罔问，遑能独立谋生，共服世务？以上二者，特其大端，若他弊害，更仆难数。曩者仁人志士尝有天足会之设，开通者已见解除，固陋者犹执成见。当此除旧布新之际，此等恶俗，尤其先事革除，以培国本。为此令仰该部速行通饬各省，一体劝禁，其有故违禁令者，予其家属以相当之罚。"① 不言而喻，这些政策意义十分重大。

我们在采访于雨清老先生时他也谈到了这一问题，于老先生德高望重，曾是于家石头村博物馆馆长。于老先生说他童年的那个时代，即 20 世纪三四十年代，当时即使是在于家石头村这样一个小山村，女性缠足这一陋习也已经完全消失，这与我以前在课本当中了解到的有所偏差。据他说，这主要得益于孙中山先生颁布的废止缠足的政策。②

时至今日，缠足陋习已然完全消失。除开对女性社会地位不言，废除缠足对于女性的身心健康意义重大，而身为女性的我，对生长于当今时代倍感幸运。

---

① 《大总统令内务部通饬各省劝禁缠足文》，1912 年 3 月 11 日。

② 笔者于 2021 年 7 月 4 日采访河北省井陉县于家村于雨清（男，90 岁）。

六、重男轻女问题

重男轻女作为一种男女不平等的社会观念，强调重视男性的权利和利益，以男性为中心，把女性定性为男性的附属。这种观念也直接影响了父母对生男生女的意愿，从父权社会开始，强烈的生男意愿就出现了，例如中国上古的卜辞里就视生男为嘉，生女为不嘉。又如古籍中所写，“乃生男子，载寝之床，载衣之裳，载弄之璋”，“乃生女子，载寝之地，载衣之裼，载弄之瓦”。① 虽是因对男女的期盼不同，但也从侧面反映出了重男轻女的社会心态。

一直以来，妇女都是以男权为主体的传统历史叙述中的“缺席者”与“失语者”，被隔离于战争、经济、政治、文化、科学、艺术等领域之外。在中国传统社会中，男尊女卑的落后思想极其严重，女性逐步沦为男性的附庸和生育的机器。在经历了原始社会生产力极其低下的阶段后，私有制出现，女性的命运也被逐步改变。“三从四德”“夫为妻纲”“七出之条”，以及一夫多妻制和女子缠足等，这些曾在封建社会历史舞台上出现过的制度和现象展现了中国封建社会女性地位的低下。

近代妇女解放始于 19 世纪末 20 世纪初，首先是城市妇女解放取得巨大成就，而农村妇女解放起步于 1937 年中国共产党领导的抗日根据地的建立。中国共产党颁布了一系列解放妇女的政策，妇女地位有所提升，但是传统束缚妇女的旧习俗不可能随着一纸法令的颁布立刻消失，因此一些旧的传统在一定时期内仍然长期存在着。

于雨清老先生说，他兄弟姐妹一共五人，有两个妹妹，其中小妹妹接受过教育，不过受制于当时的条件，上学时间不长。② 由此可以得知当时女性的受教育程度还是比较低的，当然，这也不仅仅与重男轻女的观念有关，当时经济

---

① 程俊英：《诗经译注》，上海古籍出版社 2010 年版，第 300 页。

② 笔者于 2021 年 7 月 4 日采访河北省井陉县于家村于雨清（男，90 岁）。

落后、家庭贫困，无论男女，受教育程度普遍低下。据于老先生讲，在他小时候于家石头村还有故意溺杀女孩的事情发生①，当然，这种事情也是个例。当时社会经济萧条，再加上重男轻女的传统观念才导致这种极个别现象的出现。

新中国成立初期，妇女家庭地位低下，缺少话语权的状况仍然没能彻底改变。出现这种状况的原因是多方面的，首先是传统封建落后思想的束缚，一些家庭对生男孩的执着也体现了这一点；其次，新中国成立初期社会经济凋敝，人民忙于经济建设，对于妇女地位有所关注，但毕竟吃饱饭才是当时的第一要务。当然，还有一个重要原因，即传统的自给自足的生产方式没有发生根本改变。在传统农业社会中，男子的体力占有天然的优势，他们在农业劳动中所创造的财富要大于女性，女性要依附于男子生存，这是女性地位低的根本原因。不过，随着妇女参加劳动越来越多，社会经济逐渐发展，社会包容程度提升，女性在家庭中扮演的角色越来越重要，男尊女卑的现象得到了极大的改变。

毋庸讳言，女性同男性一样，都是物质财富和精神财富的创造主体，都是对社会文明进步、国家繁荣昌盛有贡献的人。在现代社会，女性不仅是家庭建设的直接参与者、决策者与贡献者，更是活跃在经济、政治、文化等社会各领域的重要力量，还是人类再生产的主体，为人类种族繁衍做出了重大贡献。但是，由于历史和现实的多种原因，一些忽视妇女的地位和作用，侵害妇女合法权益的现象依然存在。为此，包括中国在内的世界各国都在努力改变这种状况。众所周知，男女平等是我国社会发展的一项基本国策，即要运用国家和政府的力量，推动男女平等。这种政策的成效显而易见，如今，男女平等已经基本实现。从另一角度来看，这一做法充分调动了妇女在国家经济和社会发展中的积极性。当然，任何政策的贯彻都不是一蹴而就的，由法律上的男女平等到事实上的男女平等还有很长的路要走。

---

① 笔者于 2021 年 7 月 4 日采访河北省井陉县于家村于雨清（男，90 岁）。

结　语

我们走访的都是 20 世纪 90 年代前出生的女性，通过采访不同年龄段的女性，我们大致了解到了于家石头村女性婚姻生活的变迁。当然，仅凭我们走访的几位妇女同志，就把她们的变化扩大到整个太行山区乃至全中国的妇女变迁史，显然是不够全面与客观的。但通过走访调研和阅读文献资料，关于妇女问题，我有了一些总结。

在近代妇女问题上，上层精英人士的推动和法令政策的实施对妇女解放起到了至关重要的作用。清末民初，在帝国主义侵略加剧、民族危机逐步加深的背景下，康有为、严复和梁启超等进步人士以救亡图存为目的，掀起了我国近代妇女解放运动的序幕。他们身体力行，大力提倡女子教育，抨击封建陋习，传播西方文明思想，开展妇女解放运动，在提升社会风气上有十分重要的推动作用。① 他们积极推动不缠足运动，并得到了统治者的支持，使民众思想初步觉醒。《中国近代妇女史》中也曾这样描述："孙中山是中国民主革命的先行者，在他的革命生涯中遇到过各种复杂的社会问题，妇女问题即是其一。作为一个资产阶级的政治家，他在不同环境、不同场合就妇女问题发表过一些重要言论，对当时的中国社会产生了较大的影响。"② 除却颁布《大总统令内务部通饬各省劝禁缠足文》外，孙中山还反对贩卖妇女和奴婢制度，并在女校的欢迎会上发表演说。这些在很大程度上推动了妇女思想的进一步解放。新中国成立后，以毛泽东为代表的新中国第一代领导人对中国妇女的解放做出了重大贡献，毛泽东把马克思主义基本原理同中国妇女解放运动的具体实践相结合，形成了关于妇女解放的理论。除此之外，我国的《婚姻法》也在不断完善，一系列维护男女平等的政策法规相继出台。

---

① 王亮：《严复与梁启超的妇女解放思想比较研究》，陕西师范大学 2016 年硕士学位论文。

② 邵雍：《中国近代妇女史》，合肥工业大学出版社 2013 年版，第 26 页。

回顾过往，在众多仁人志士的推动下，中国妇女解放事业取得了巨大成就，一系列政策法令的实施更是推动妇女解放朝着更深一步迈进。

通过这次调研活动，我收获颇多，读万卷书，行万里路。身为一名历史专业的学生，只有亲自走访和切身体会，才能更好地了解和研究历史。通过这次活动，我们可以清楚地看到，自新中国成立以来，我国社会经济、政治、思想文化等得到了极大的发展。与此同时，封建落后思想也在逐渐退出历史舞台，女性的社会地位和家庭地位得到极大提升，整个社会对于妇女的关注也有了极大的提高。我也相信，妇女史的研究将越来越繁荣。

（指导教师：刘洁）

关于于家石头村妇女生活变迁的研究报告

甄　玮

前　　言

在社会学理论中，传统社会是相对于现代社会而言的，以家庭控制为基础和基本运作机制的伦理社会，社会控制基本上依附于家庭控制。

伴随着经济和科学技术的快速发展，中国已进入社会转型期，在社会转型当中，每个人的角色都发生着变化。在社会经济发展与社会转型过程中，妇女的日常生活发生显著变化，社会地位得到极大提高。众所周知，在中国几千年以男性为中心的父权制社会中，沿袭下来的许多传统的制度和礼节束缚着女性。她们通常从事较为繁杂的家务劳动，处于被动的弱势境地，身处从属地位，对自己在家庭内作用的认知也已趋向于固态化、浅显化。女性社会地位很低，没有自主选择的权利，任人宰割。她们不但不能拥有和男子一样的社会地位，还要担负着来自社会各方面的压力，传统中的政权、神权、族权、夫权将她们紧紧围住，扼住了妇女生命的咽喉。传统村落因具有小农经济自给自足的特征，思想的传统性与地域的封闭性、落后性表现得尤为突出。由此可知，社会转型之后发生的变化则更能体现妇女生活变迁的具体形态特征，具有更高的研究意义和价值。

2021 年 7 月 3 日至 4 日，有幸在河北大学历史学院老师们的带领下，我们 27 名调研学员深入太行山腹地，走街访巷，开展了河北省石家庄市井陉县于家石头村历史文化调研实践活动。于家石头村是省级文物保护单位，其位于石家庄市井陉县中西部山区，相传于谦之孙于有道携家人迁居于此，育有五子，五股子孙世代在此居住，家族不断扩大。于家石头村依血缘关系聚居，传统宗族对于村民个人的约束力十分强大。在传统伦理纲常约束影响下，于氏家族妇女饱受礼教的摧残与迫害，是古代传统社会的腐朽糟粕在传统乡村中的缩影。通过后续对于家石头村更加深入的了解和两段访谈经历，我更加全面地了解从抗战以来到社会主义建设时期于家石头村妇女生活的变迁，为太行山区妇女史的研究提供了新的资料，收获颇丰。因此，以下内容是以于家石头村口述调研资料为基础进行的讨论。

一、受教育权

同石头村一名 1946 年出生的于氏老人①交流得知，老人年幼时，妇女受教育情况并不理想。老人坦言自己曾上过学，但需要缴纳一定的学费，大概交一元，受教育程度较低，勉强认字。而且上学时环境一般，当时本地女孩子读书的比例比较小，因为家里穷，大部分女孩子上不起学，只有家境富裕的女孩才有机会上。老人读完高小就退学了，因为家里生活条件较差，需要尽早打工补贴家用，受教育的权利更无从谈起。学校开设的课程有语文、算术，学校老师多为本村人员，师资力量薄弱，教育质量无法保证。由此可知，20 世纪五六十年代的于家石头村，妇女的教育已经开始受到重视，但是其质量仍有待提高。

在中国传统社会中，男女两性在受教育的机会上存在巨大差异。作为丈夫的附属品，女子无才便是德，女子的职责即是相夫教子，遵从三从四德，女性在古代社会最重要的职责和所能发挥的最大价值莫过于生育后代。教育自古至

① 笔者于 2021 年 7 月 3 日采访河北省井陉县于家村于××（女，75 岁）。

今都是一项成本极高的行为活动，在古代更甚。古代人大多数生活贫困，基本的生存问题都难以解决，更没有足够能力去让自己的孩子接受教育，男孩尚且没有入学的机会，何况是在十四五岁就要嫁给别人的女孩。这种情况在中国现代化过程中才有了明显改善，从20世纪初兴女学后，中国妇女的解放即从女子上学受教育开始。经过一百多年的努力，中国女性在受教育权利上正在缩短与男性的距离。调查资料显示：1951到1995年的44年间，所有的在校生当中，小学女生比例从28%增加至47%；中学女生比例从26%增加至45%；大学女生比例从23%增加至35%。① 自20世纪50年代以来，中国社会在男女平等领域中一个最大的变化是，女童从绝大多数不上学到全部进入学校受教育。这一点对中国女性尤其是农村女性的生活产生了巨大影响，改变了她们的生活方式和人生走向。

但是我们也不难发现，虽然社会环境逐渐宽松，教育制度逐渐完善，但是女性受教育问题仍然没有完全解决，如于氏老人在交谈中②提到，自己因为家庭条件较差，需要尽早打工补贴家用，其自身的受教育权利仍无法充分享受。据调查，初中及以下学历者未能上学和继续升学的原因有很多种，如家境差、无学校可上、没考取、残疾、父母不让上和自己不想上等，其中只有父母不让上这一项有显著的性别差异。因为父母不让上而辍学的情况女孩占比较大，男孩占比较小。尽管男性和女性在受教育机会上逐渐平等，但我们在于家石头村的相关访谈中却得知，在于氏家族妇女当中，不少人曾被不同程度地剥夺过受教育的机会。农村妇女更多的职责依旧是照顾孩子、参加劳动，其家庭附属地位明显。

20世纪六七十年代，教育的不平等现象得到一定程度的改善，农村百姓对教育的重视程度也逐渐提高，他们认识到只有真正学到知识才能打破禁锢，进入大城市之中，获得一份不错的工作和薪资。与嬴奶奶③交谈了解到：她自己17岁高中毕业，家中父母并没有反对自己上学，但是因为家庭条件较差，初、

① 李银河：《后村的女人们——农村性别权力关系》，内蒙古大学出版社2009年版。

② 笔者于2021年7月3日采访河北省井陉县于家村于××（女，75岁）。

③ 笔者于2021年7月3日采访河北省井陉县于家村嬴××（女，65岁）。

高中的学费家庭便不再承担了。嬴奶奶自己勤工俭学上山割白草，将白草交到学校，学校去售卖来抵学费。嬴奶奶的姊妹兄弟共5个，大姐姐上了一两年学便辍学打工，其余都是初中学历，父母无法负担学费，都是勤工俭学。当时已嫁做人妇的于氏老人①也表示，那时政府和村干部都积极倡导夜校学习，在政策号召下，自己也曾参加夜校并学习过两天。妇女们进扫盲班或夜校学习时的情形是十分热闹的，这种学习形式受到百姓的欢迎。村干部大力提倡、强制要求的态度使农村妇女接受教育蔚然成风。于氏老人那时因为自己刚刚生完孩子，孩子需要照顾，难以分神，家里人并不支持，就没有坚持到最后。令老人感到欣慰的是，自己的女儿一直读到硕士，毕业后在省政府某部门工作，后来又读了博士，这使她成为全村家长教育孩子时常常提起的榜样。于氏老人的女儿以及村里其他女大学生的成功，是20世纪90年代以来教育机会越来越趋向于性别平等的结果。

二、择偶方式

1950年，新中国第一部婚姻法由中央人民政府颁行。该法规定，中国实行婚姻自由、一夫一妻、男女平等的婚姻制度。这部婚姻法对于传统婚俗的冲击是巨大的，在很大程度上改变了中国的婚姻体制。其中最主要的一个变化就是在选择结婚对象时增加了感情因素所占的分量。虽然这种改变在城市远远大于农村，但是传统农村的婚姻习俗也受到了前所未有的冲击。据于氏老人回忆：自己与丈夫是经媒人介绍认识，当时父母对自己的婚姻起到了重大作用，因为母亲同意所以答应嫁给丈夫，并没有自己自主选择的权利，自己与丈夫当时毫无感情基础。而且订婚后一年就结婚了，结婚前两人曾经见过面，但仅为一两次，没有过多的约会和见面，自己对婚前交往的认知与社会上其他人对婚前交往的认知较少。在于家石头村中，大多数人的婚姻是父母与本人共同商定的，

① 笔者于2021年7月3日采访河北省井陉县于家村于××（女，75岁）。

而完全由父母决定或完全由自己决定都是少数。最常见的婚姻缔结模式是媒人介绍、相亲，最后由本人和父母商量决定。传统社会所倡导的“父母之命，媒妁之言”“门当户对”观念根深蒂固，仍是村民认为结婚的重要条件。

据《井陉县志》记载：一般在外求学之青年男女反对父母包办婚姻，但此类事例为数不多，影响有限，但是即便有自定终身者，往往被看作伤风败俗，受到家庭及社会舆论谴责，有情人被迫离散、自杀殉情等悲剧时有发生。简而言之，传统的等级、尊卑、亲疏划分必然影响与支配着村民的婚姻生活，并且在婚姻的缔结上打上传统等级性的印记，继而“门当户对”相应地成为择偶的必要条件。儿女被父母束缚着，家庭成员被家长束缚着，青年男女没有择偶的自由，自由恋爱、自主选择结婚对象更无从谈起。从统计资料来看，在我国农村与城市的婚姻决定方式中，农村女性的婚姻对象自己决定的只占四成，父母决定的占将近四成，自己与父母共同商定的占两成，并且对于多数农村妇女来说，恋爱还是一个比较陌生的事情。一般的就是经媒人介绍后结识，双方对对方家庭、个人样貌人品还满意的话就订立婚约。可见 20 世纪六七十年代，于家石头村以父母为主导的介绍型婚姻现象大量存在，婚姻自主择偶权仍有待提升，新婚姻法在太行山区需要得到进一步的贯彻执行。

与此同时，于家石头村里也存在着以青年个人为主导的自由恋爱。随着婚姻家庭各项法令的相继颁布，政府不仅鼓励恋爱自由、婚姻自由，还给予法律上的保护，这对于那些长期被父母操控的乡村青年男女来说无疑是一次精神上的解放，思想上的启蒙。欣然接受新鲜事物的他们主张婚姻自由，反抗传统礼教，维护自身的正当权益，坚持自己当家做主，使传统农村延续了数千年的婚姻习俗受到了前所未有的冲击。同 1931 年出生的于雨清老先生①交谈得知，老先生当时是自由恋爱，父母对自己的婚姻并没有起太大的作用，婚姻自主思想在青年人中被初步认可。

值得庆祝的是，20 世纪八九十年代，随着改革春风的徐徐吹入，社会主义建设进入新时期，经济基础的发展带动上层建筑的完善，婚姻自主的思想也逐

① 笔者于 2021 年 7 月 4 日采访河北省井陉县于家村于雨清（男，90 岁）。

渐深入人心，青年自由恋爱、自主选择结婚对象已经蔚然成风。于氏老人①婚后生育了两个儿子一个女儿，三个孩子都是自由恋爱，伴侣都是在工作或学习生活中结识的，长辈干扰做主的趋势逐渐下降。根据东北地区下岬村的调查发现②，在20世纪50年代以来的30年里，后辈自己做主的择偶也有类似的增长，而长辈做主的婚姻从50年代的87%下降到70年代的28%。不过，这一变化在70年代有所停顿，在80年代与90年代，大约1/4的婚姻父母起了主导作用，与70年代的数字基本相同。在阎云翔老师的东北农村调查中，自由恋爱的比例高达36%。虽然这个数据会与于家石头村的情况有些出入，因为地域文化的区别会造成东北地区传统婚姻文化远不如华北地区那么深厚，但即使如此，还是可以观察到，传统村落的年轻人比较喜欢自由恋爱这种方式，青年的倾向预示了未来发展的方向。

三、择偶标准

随着择偶观念的改变、择偶方式的自由化，于家石头村青年的择偶标准也相应改变。不少男女青年已经意识到婚姻大事与自己的幸福生活息息相关，择偶的标准也相应得到重视。访谈于氏老人时老人表示：“自己值出嫁年龄时，父母与自己当时更看重对方的人品样貌，一般是那种勤勤勉勉、踏踏实实肯辛苦劳作的。当时择偶也重视家庭成分，一般尽量避免地主阶级成分，但是因为当时村里经济条件并不乐观，所以地主富农较少。”结合当时的时代背景，在六七十年代集体化期间，理想的对象是人老实、脾气好、干活勤快、听老人和领导的话。无论男女，都最好是身强力壮，那对挣工分非常重要。家庭出身也很要紧，不过对男女的重要程度有所不同。从女方的角度看，因为许多家庭条

① 笔者于2021年7月3日采访河北省井陉县于家村于××（女，75岁）。

② 阎云翔：《私人生活的变革——一个中国村庄里的爱情、家庭与亲密关系（1949—1999）》，上海人民出版社2017年版。

件不好的农民，通过嫁娶女儿所获得的彩礼补贴或者帮助儿子娶妻，所以男方家庭的经济状况是位居首位的考虑；而从男方的角度看，女方家庭的名声要被考虑得更多，因为这决定了姑娘的贞洁品德。同时，择偶时一个必须考虑的因素是家庭成分，由于成分是通过父辈传承下去的，所以对男方比对女方的影响要大得多。至于那些想要在政治上往上走的人，他们找对象时的政治标准就要更高。① 比如，在70年代早期，村子里的两个最积极的年轻人没有被吸收入党，也没当上干部，因为他们都和出身不好的姑娘结了婚。有人批评他们，说他们的老婆是反革命、“定时炸弹”。结果，在大约10年时间里，有政治抱负的年轻人挑对象时都要认真考虑对方的家庭出身。

20世纪八九十年代，青年男女的择偶标准已经不仅仅是老实听话、力气大、能干活如此朴素简单了。随着通信设施的完善、网络时代的到来，尤其是电视的出现，爱情歌曲和肥皂剧的大肆流行，青年的思想得到了极大的开化与革新，对自己的配偶也提出了新的需求与期许。② 从女青年的角度来说，之前以老实听话为主的择偶标准已不能满足自己情感交流的需求，他们既不会说话，也没有风度，不能讨得年轻女孩子的欢心。同时，男青年的择偶标准也有了改变，他们更倾向于找一个漂亮的、会打扮的、社交能力强的女青年作为自己的配偶。概括来说，是否会表达爱情已经成为当今时代青年男女择偶的重要因素，是否体力好、能干农活则显得并不重要。

四、生育条件

在传统的封建社会，女子作为丈夫的附属品，职责即是相夫教子，遵从三从四德，其最重要的职责莫过于生育后代。她们需要做的就是怀孕、生育，生

① 阎云翔：《私人生活的变革——一个中国村庄里的爱情、家庭与亲密关系（1949—1999）》，上海人民出版社2017年版。

② 阎云翔：《私人生活的变革——一个中国村庄里的爱情、家庭与亲密关系（1949—1999）》，上海人民出版社2017年版。

男孩还是生女孩便显得至关重要。在中国传统儒家伦理思想中，儿子在传统意义上有着传宗接代的意思，是一个家庭香火的延续。他们能承担起给父母养老送终的责任，是家里的主心骨、顶梁柱。尤其是在传统的乡村，仍然以男耕女织为主的小农经济作为经济基础，对男性劳动力需求极大，重男轻女则显得更为突出。根据石头村优秀老党员丁雨清①先生回忆："自己年轻的时候救过邻居家的一个小女孩。当时邻居家生了三个孩子，三个都是女孩，男主人计划将女儿用水活活溺死，幸好自己一家人及时阻止，才将小女孩救了下来。"街边卖自家黄瓜的老人②也提到，正是自己十分争气地为丈夫养育了两个儿子、一个女儿，因而得到了丈夫和婆婆的重视，家庭地位才逐渐提高。由此可知，过去大部分人认为女儿嫁出去后就像泼出去的水，不属于自己本族的子孙后代，更并不能替自己养老送终。

同时，在于家石头村也并不是所有人都有重男轻女思想。赢奶奶表示儿媳妇生儿生女并不重要，只希望儿媳妇能够顺利生产，自己的孙子、孙女能顺利出生。头胎是男是女并不重要，抱着儿女双全的心态，只盼望孩子能够健康茁壮成长。随着时代的不断进步，女性的价值逐渐被世人所认可。村民逐渐意识到：女儿也同样能够担当起照顾父母的责任。对于家庭状况不太好的村民来说，女儿出嫁所得的嫁妆可以为儿子娶妻置办彩礼，补贴家用。同时女孩是父母贴心的小棉袄，女孩子天生比男孩子敏感早熟，很早就能体会到父母的不易，所以都会帮父母做一些力所能及的家务。女孩子一般都比较听话，不会惹父母生气，父母十分放心。农村重男轻女的思想在新时代逐渐变淡。

令人惊叹的是，20世纪70年代的于家石头村，新式接生的模式受到村民的广泛欢迎。根据实地调查得知：大部分村民选择的生育方式是去医院生产。在新中国成立初期，尽管医疗条件落后、资源不足，但国家对于医疗质量非常重视。1958年5月《健康报》社论写道："千方百计地想办法提高医疗质量。尽快地治愈病人，减少病人复诊次数，缩短病人住院时间。"这在一定程度上

---

① 笔者于2021年7月4日采访河北省井陉县于家村于雨清（男，90岁）。

② 笔者于2021年7月3日采访河北省井陉县于家村于××（女，75岁）。

反映了当时我国医疗行业所追求的价值导向。农村妇女生育问题更是备受关注，因为农妇多是在家生孩子，生产往往是个大问题。政府相关部门想到的办法是办培训班，培养助产人员，效果很快显现，新式接生模式得以快速普及。

五、婆媳关系

自古以来，婆媳关系备受关注。《礼记・内则》说："妇事舅姑，如事父母。"但由于男女、内外有别，媳妇主要是侍奉婆婆，唯婆婆之命是从。中学时我们耳熟能详的《孔雀东南飞》故事，是一个凄美的爱情悲剧，但同时这也是一个典型的因婆媳关系不和而导致悲剧的案例。根据文中所述，刘兰芝聪明能干，美丽大方，且嫁妆丰厚，有"箱帘六七十"，完全符合现代社会选媳妇的标准要求，可为什么就是这样一个贤惠的媳妇却没能得到婆婆焦母的喜爱，反而处处受到婆婆的指责呢？首先，焦母认为刘兰芝"无礼节，举动自专由"，应该是说刘兰芝性格刚强独立，很多事情没有参考焦母意见，因而引起焦母不满。其次，当焦母将其赶回娘家时，刘兰芝"新妇起严妆，上堂拜阿母"，焦母没有看到刘兰芝被赶走的伤心难过，自尊心受到挑战，更是怒气加倍。我们可以看出焦母其实是一个专制独断的人，她需要一个温柔顺从的儿媳妇，比如"东家贤女秦罗敷"，可偏偏刘兰芝又是一个独立刚强的性子，自然无法顺遂焦母心愿，这才导致了二人关系逐渐恶化，并走向破裂。而这其中，衔接二人关系的人物——焦仲卿，又起了怎样的作用呢？自古以孝为先，性格软弱的焦仲卿在孝道的束缚下不得不屈服于母亲的无理要求，最终刘兰芝被赶回娘家。同时，焦母执迷不悟，执着于另娶东家贤女，刘母、刘兄逼迫刘兰芝改嫁太守。来自各方的压力、逼迫，最终导致夫妻二人被迫分离、双双殉情的悲情结局。嬴奶奶①就说自己的婚后生活并不幸福，由于男方很强势，自己不仅要受丈夫的精神压迫，还要时刻提防揣测婆婆的脾气。想必这也是 20 世纪八九十年代

① 笔者于 2021 年 7 月 3 日采访河北省井陉县于家村嬴××（女，65 岁）。

于家石头村婆媳关系的一种代表。

然而，随着21世纪的到来，女性地位提高，自我价值凸显，婆媳关系也随之发生变化。于家石头村的村民也意识到，要想处理好婆媳关系，需要摒弃之前传统礼教的糟粕。首先婆媳双方应该坦诚包容，其次双方应学会沟通和理解，当遇到矛盾时，学会适当妥协，有商有量。嬴奶奶在当婆婆的时候对待儿媳妇就十分有耐心，嬴奶奶的儿媳妇在婆婆的包容与关爱之下也自觉孝敬老人，照顾公婆，在村里每年都被评为孝顺儿媳。

六、家庭内部决策与分工

通过在于家石头村走访调查发现：于家石头村村民家庭的内部决策与家庭的劳动分工同以往的父权社会相比发生了很大变化。作为妻子的妇女群体，在家庭中的地位不断提高，逐渐掌握了家庭中的话语权和决策权，是女性自我价值实现的又一深刻体现。在调研访谈过程中，我对访谈对象进行了这些问题的交流与探讨：1. 在夫妻婚姻生活中对自己的婚姻是否满意？2. 夫妻关系如何？是否存在家庭暴力？3. 家里是男人做主还是女人做主？4. 在家里谁掌管财政大权？根据调查结果可知，于家石头村男性村民表示：他们认为妻子在家务活上负责的更多，所以在做饭、买衣服、带孩子等生活方面都由妻子做主，比较放心。作为丈夫，一般也不参与这些家务琐碎事情的管理。同时也有男性表示：家中事物是由夫妻双方共同决断。街边卖自家豆角的于氏老人①回忆到：自己对婚姻生活十分满意，夫妻关系和睦，夫妻相处模式恰当，并不存在家庭暴力。家里总体来说是男人做主，男人主管财政大权，因为自己也不想过多劳心费力，所以女方管小事，大事放权。由此可见，在一定程度上，丈夫开始考虑妻子的感受和想法，能够尊重妻子，双方对于重大事项有商有量，共同决策，互敬互爱。

---

① 笔者于2021年7月3日采访河北省井陉县于家村于××（女，75岁）。

另一方面就是家庭劳动的分工与规划。这方面的变化没有那么突出的改变，因为在绝大多数家庭中家务劳动依然由妻子承担，但有越来越多的丈夫愿意分担家务，这是很重要的变化。因为在20世纪80年代初以前，于家石头村的丈夫们除了挑水之外什么家务都不做。许多年轻的妻子还说，越来越多的丈夫学会了做饭、带孩子。我也曾做过一个小调查，看有多少丈夫会包饺子，结果很令人吃惊，40岁以下的男人里竟然有超过80%的人饺子包得很好，而且经常参加家里的包饺子活动，说明当今家庭中的性别角色分工也相应地发生了变化。

七、社会生产劳动

在中国集体化时代下，尤其是在“大跃进”和人民公社化时期，参加社会生产劳动显得尤为重要。在婚前参加社会生产劳动方面，于家石头村的女人们都有相同的经历。总的看来，大多数女孩婚前会参加地里的劳动。街边卖自家豆角的于氏老人回忆到：自己做闺女时，干的主要是耕地种田、担粪作肥劳动，在新中国成立之前一直参加，田间劳动集体化时期也曾经参加过田间劳动，但因为家里有孩子需要照顾并不经常去。当时田间劳动较为繁重，挣7到8工分，当时因为读书读得少，对工分分配男多女少并没有觉得不公平。但在一般情况下，无论从劳动时间还是劳动强度上看，女青年比男青年的劳动强度要略小一些，劳动时间略少一些。她对当时的强体力劳动更多的感觉是劳累，并没有明显地感觉到家庭地位和社会地位提高了。同时，老人也提到，自己结婚以后去农田做农活的频率逐渐降低，因为在家里还需要照顾刚出生的孩子，无暇兼顾。嬴奶奶在采访过程中回忆说：在自己还是闺女时，早晨5点左右起来干活，7点多结束，除母亲和家里小孩外都要挣工分。每天都去挣工分，10个工1毛2。因为觉得村子里日子难熬，所以长大以后也曾外出打过工。于家石头村的耕耘条件十分艰苦，20世纪40年代有饿死人的现象，后来是吃不饱。

1979 年修西岳渠，1980 年通水，才能用水浇地，以前就是靠天收。即使是群山环抱，但山上没有泉水，村民大多是靠天吃饭，基本的生活温饱难以解决。

改革开放以来，随着社会生产力的不断提高，农业机械化水平也不断进步，这使得村民的农事劳动强度大大降低，农民在很大程度上从农田中解放出来。从村民口中得知：现实中村民耕作虽然并没有完全实现机械化，人们大部分仍以耕地种田为主，但是随着新型农业工具的出现，农民耕作的效率得到极大提高，同时也给村子里的男女青年提供了外出打工的机会。新时代的于家石头村妇女也由婚前只从事农业生产劳动发展到外出打工，劳动收入和生活水平均得到提高。与此同时，新时代的于家石头村妇女通过走出去，了解到外面广阔的世界，接受新知识，开阔了自己的眼界，改变了自己传统的观念，在新时代的历史机遇下，更好地绽放自己，实现自我价值。

结　　语

根据在于家石头村两天的调研走访，我们总结出太行山区妇女生活变迁主要体现在以下几个方面：妇女的受教育问题、婚姻模式与择偶标准、重男轻女的情况、医疗设施的进步、婆媳关系的处理、家庭内部决策与家庭的劳动分工、社会生产劳动的变迁等。在调查过程中，我们调研小组不仅采访了于氏家族的妇女，还采访了于氏家族的男性成员，使我们更加全面地了解了于家石头村妇女生活变迁的情况，更加深刻地了解了以于家石头村为代表的传统村落在新时代背景下的创新与发展情况，进而为我们妇女史课题研究提供新的资料来源。

调研时间总是短暂的，为期两天的于家石头村调研之旅已经结束了。虽然时间不长，但是这次调研活动却让我们意识到教学实践活动意义之重大。一方面，同学们通过实地走访调查，聆听“老故事”，还原“老场景”，将专业课上的理论知识应用到教学实践中来。这一过程有利于同学们巩固课堂知识，重新建构新的知识体系，同时也有利于同学们更加深刻地认识历史学专业的价值和意义。另一方面，实践活动也将本科“课程思政”搬到了田野乡间，使同学们在调研走访过程中直观地接触、体悟、关注历史文化，从而更好地认识民族历史文化的价值，更好地传承赓续优秀的历史文化遗产，从而达到宣传社会主义核心价值观、弘扬社会正能量、提升文化自信的目的。

（指导教师：刘洁）

宗族篇

敬祖崇德：于家石头村宗族文化浅析

赵玉青　郭星瑶

于家石头村坐落于河北省石家庄市井陉县西南，位于太行山东麓，地势较高，山岭围合的谷地之间，于氏族人依村北部阳坡之山势，就地取材，用山石建屋成村。于家石头村独特的地理位置以及石头建筑吸引了一大批学者的目光，但于家石头村的神秘远不止此，独特的地形不仅给这个村落带来了别具一格的建筑，更让我们看到单姓“于”氏村落如何逐渐发展成庞大的于氏家族。这个家族繁衍至今，族人和睦，家风浓厚，在千百年的变革中，香火不辍。本文通过讨论于家宗族文化中“敬祖”与“崇德”两部分内容，挖掘于氏宗族发展繁衍的精神内核，以及对今天家族文化保护发展的借鉴意义。

一、敬祖奉宗记于心

祭祀祖先是礼教之本，是家族发展的重要基础。① 在全国各地区的怀念祖先仪式中，祭祀是浓墨重彩的一笔。祭祀祖先的形式分为两种：宗祠祭祀和祖茔祭祀。于家石头村非常重视祭拜先祖，不仅特设宗祠祭拜，还有秩序井然的祖茔祭拜。

① 李安宅：《〈仪礼〉与〈礼记〉之社会学的研究》，上海人民出版社2005年版，第49页。

于氏宗祠

于氏家族特设宗祠大院进行宗族祭拜。于氏宗祠大门上方挂有一块黑绿色金字大匾，上书“于氏宗祠”四字，字体苍劲雄健。旁边挂有灯笼，两扇黑漆大门，门槛两边是石雕门墩，门板上横排着四行球面形圆钉。门框上贴有鲜艳的红纸黑字对联。[①] 一进门，右手边墙上贴着红纸，上面写着新的一年出生的孩子姓名，这是向祖先送上添丁增口的喜报，上面还写着送给宗祠的礼物（生女送帛，生男送炮）。在祠堂正殿屋脊房椽的左右两端各有一个鱼形雕刻，可能“鱼”与“于”同音，取谐音之意。两条鱼中间的八块龙砖，据导游说，是最初修建祠堂的八块砖。飞檐上刻有龙头图案，符合传统文化中对龙的崇拜。

于氏家族祭祀的祠堂位于宗祠大院的上房，建在长 14 米、宽 8 米的高台之上。门在正中，装有四扇花棂木门，门口两边挂有镌木楹联，左镌“基业远遗祖德恩泽大”，右镌“藻革时荐百世水源香”。门额悬挂“僾见忾闻”金字匾额，其字体丰满俊美，朴茂刚健。楹联左右是砖砌三尺窗台，上装花棂窗扇。祠内宽敞明亮，四根明柱分列前后、堂中供奉先祖于有道及其后代先逝者。祠

① 于闰斌等：《于氏家谱》，2017 年，第 381 页。

堂正殿的正中设有于有道神龛，龛内牌位两侧是四条透雕金龙，上有一“寿”字，牌位正中刻有“始祖于府君讳有道配贾氏神主”金字。① 神龛两边分别悬挂着“五股”（于有道五个儿子分为五股）的祖布，每块祖布均以高 3 米多、宽数米的白布制成。上端绘有彩色灵堂图案，下端绘有彩色牌坊图案；宽阔的中间部分，按世系关系自上而下排列着一代代仙逝者的姓名。于氏家族每年年底都要将这一年去世的老人姓名写到族布上，以便子孙追思祭拜。前方供桌两侧各有一个谜语烛台，以表五股子孙的孝思。

祠堂内部

据说祭祀之日，每户都要来这里磕四个头，来此祭拜的除了于氏族人之外，还有康氏族人。相传康姓祖上意欲来于氏家族所在地定居，先祖于有道慷

① 于闰斌等：《于氏家谱》，2017 年，第 381—382 页。

慨将于家地域中的一沟良田赠给他们耕种，名曰“康掌沟”。五百年来，于康两家亲同手足，每逢春节，两家都要到对方祠堂互相拜祭，这在当地传为美谈。

于家家谱规定：每年小年至来年正月十九是祭祀日。在祭祀日，各股执事打扫祠堂，张挂家谱，摆放供品，张贴对联，点灯烧香，于氏宗祠内香烟缭绕，气氛庄重。祭祀仪式是一种精神凝结的纽带，其目的在于尊祖、敬宗、收族。通过祭祀祖先的活动，族人之间也加强了宗亲血缘之间的联系，促进了宗族成员间的情感，强化了族内的凝聚力和向心力。①

宗族祭祀可以将拥有同一祖先的全体族众紧紧团聚在祖先灵魂的周围，从而达到尊祖、敬宗、收族的目的，所以祭祖活动一直是宗法社会最重要的宗族活动之一。

祠堂的牌位正中刻有“始祖于府君讳有道配贾氏神主”金字，其中的“有道”即于家始迁祖于有道。于有道籍贯浙江钱塘，生于井陉县南峪村，于家石头村中有一白庙，上面有这样一段记载：

> 始祖有道公乃明少保于谦之长孙，旧居南峪村，家赤贫，难于存活。成化岁暮，徙今于家村，开辟斯土，是时携眷于此，草莽丛生，荆棘载途，无立锥之地，与木石居，与鹿豕游，筚路蓝缕以启山林，厥后生五子，协力者众，建屋植果，修塘造田，艰辛耕耘，创伟业，育子孙，至吾辈已人众业兴，先祖恩山德海，以刊石铭心，永垂不朽矣。
>
> 二〇〇三年清明节②

从这段文字中我们得知：于谦的长孙于有道小时候的生活环境并不好，家徒四壁，破败不堪，难以生存，后来带领着家人迁徙到了于家石头村。当时的于家石头村生存条件也很艰苦，于有道带领着家族中人辛勤耕耘，开荒拓田，

① 参见蒙祥忠、麻国庆《祖先本质的多面性与（亻革）家祭祖仪式研究——铸牢中华民族共同体意识的一个思考视角》，《中央民族大学学报（哲学社会科学版）》2021年第2期，第26—34页。

② 于秀书等：《于氏宗谱》，2012年，第300页。

在这个荒郊野岭成功生存下来，并繁衍生息，逐渐发展为如今的于氏家族。于有道深谙家族发展“无规矩不成方圆”的道理，于是组织于氏子孙学文习武，并制定家规，男夫伫天地之方、勿忘钱塘江，祖虽远不可不祭，不争乃存世之道，耕读乃传家之本。

在祭祀过程中，所有参与者都沉浸在被祖先训诫的氛围中[①]，于有道筚路蓝缕、不畏艰难的精神在祭祀仪式中默默熏陶着每一位于氏族人。或许正是在这种熏陶下，像于喜春这样为族人奉献的人才一批批涌现。

于喜春（1540—1606）为于氏宗族五股的五世祖。从小随祖父、家人在繁峙县金矿做工，学会了坑道支护及原理，因社会黑暗，矿工暴动，一家人逃出矿山回到老家。村内多处建筑、南张村铸钟、白庙铸钟等都有其显名。传说“于喜春身高体阔，行走如飞，能够借黄牛力气干活，是一个半仙之人”，是于家村几百年来的传奇人物。民国《井陉县志料》建筑篇中记载：“村民于喜春身大力强，家贫好义，独立兴修……”

明万历九年（1581），于谦七世子孙于喜春独自一人开始修建白庙村东大门——清凉阁。传说他要盖九层，他用十六年建完头两层，整个清凉阁建立在倾斜的天然石板坡之上，不打基地，无任何辅料，完全干打垒而成，石块巨大惊人，长者数米，重者万斤。整个建筑雄伟壮观，匠心独具。可惜的是，于喜春在修建清凉阁时不慎砸到了手指，不久后便去世，现在的清凉阁是后人填补所建。

清凉阁的碑文中有如下内容：“万历九年起根源，一人修筑其实难。二十五年完下节，思量何日得周全。阖村都说使木植，凭吾独力凿石山。经营暂停观此境，等待功成万古传。”[②] 碑文内容体现了于喜春对建成清凉阁的贡献之大。清凉阁是村里的标志性建筑，也是于谦这个忠臣良将后裔精神的见证。于喜春即使受尽困苦磨难，也硬是靠自己的双手为于氏家族开拓创新，为后代子孙做出了榜样，将百折不挠、艰苦奋斗、坚韧不拔的精神品质传承下去。

---

① 王飞飞：《祭祖仪式与宗族发展互动关系研究——以浙江东阳卢氏望族为个案》，温州大学 2012 年硕士学位论文。

② 张金亭：《石头垒砌的人间——于家石头村探秘》，《档案天地》2014 年 10 月，第 60—63 页。

清凉阁

于喜春为于家石头村留下来了诸多石头建筑，清凉阁与戏台作为先人留下来的历史记忆，至今仍存于村中为后人瞻仰。

除了祭拜宗祠之外，于氏家谱中还规定：每三年一次到南缩村于谦坟祭祀，各村各股都要参祭。始祖祭祀日定在每年清明、寒衣两次，由于氏祠堂执事人领祭。现代意义上的墓祭活动可以追溯到先秦时期，在汉代形成习俗，并最终在唐代开始受到官方的承认。[①] 关于重视祖茔的原因或许与村民口中的"于家先祖"有关，根据《于氏家谱》记载，南峪村有于氏祖茔，墓场占地数十亩，古柏参天，墓碑林立，这在偏僻的深山区绝非一般普通家庭所能拥有。墓地赫然矗立着刻有皇封字样的"少保于谦"墓碑。1956 年修建石阳（石家庄

① 徐缘风：《徐氏宗谱》卷一《家规》，嘉庆五年刊本，第 6 页。

至阳泉）铁路复线时，坟内尸骨不分甲乙装袋掩埋。现南峪村部分老人还清楚地记得搬迁于谦墓碑时的情景，说于谦墓碑为戴帽碑，碑体宽厚高大，由16人共同抬出。南峪村村民仇怀义老人介绍说："于家坟上那块大碑，我记得最清楚的就是'少保于谦'那四个大字。还有浙江迁来的记载，碑很大，字写得非常好。"可惜的是，在十年浩劫中墓碑遗失。祖茔是祖先体魄所藏之所，是子孙命脉之所在，正因如此，于氏家族对坟茔祭祀极其重视。

坟茔祭祀和宗族祭祀都是于氏家族祭祀祖先的方式。"祠，祖宗神灵所依；墓，祖宗体魄所藏。子孙思祖宗不可见，见所依所藏之处，即如见祖宗一般。"[①] 祭祖仪式作为一种精神凝结的纽带，加强了宗亲血缘之间的联系，祭祖活动中的互动促进了宗族成员间的情感联系，促进了各支族的往来，强化了宗族的凝聚力和向心力。

二、于氏家族德永传

《荀子》有言："先祖者，类之本也。"于氏宗族时刻铭记祖宗的教诲，将美好的品德延续，使整个家族兴旺团结。

于氏家族的"德"能保留到今天与于家子孙紧密相连，最能团结于氏族人、最具代表性的就是于氏宗祠和于谦祠堂。在于氏宗祠中，历代繁衍生息的脉络清晰可见。在于谦祠堂中，于谦的人文精神影响了后代子孙，使这乡野之地有了桃花源般的风韵，路不拾遗，夜不闭户，尊师重教，尊老爱幼……

祠堂，不仅是家族成员敬祖之地，更是于氏宗族传承"德"的核心之处。于氏家族每年年底都要将这一年去世的老人姓名写到族布上，以便子孙追思祭拜。正是通过这样的方式，于氏家族的后代才能始终铭记先人，记住他们言传身教的优良品德，并靠这样的方式延续下去。如此一来，于氏家族便可长盛不

① 陈瑞：《明清时期徽州宗族祠堂的控制功能》，《中国社会经济史研究》2007年第1期，第4—63页。

衰，和谐兴旺。宗族祭祀促使族人对本宗族的文化产生认同心理。在祠堂举办的宗族祭祖活动是宗族民俗文化的重要组成部分，祭祖活动需要每一个族人都参与其中，这使得每个族人都能拥有亲身参与的体验感。而年复一年，频繁的祭祀使得这种感受转化为一种集体记忆，进而对之产生认同。再者，宗族祭祀促使族人形成一致的习俗和生活方式。同样的祖先认同和共同参与的祭祖活动，自然而然就会促使族人跟随祖先的生活方式，遵守祖先制定的规则，于氏家族的美德由此代代传承。

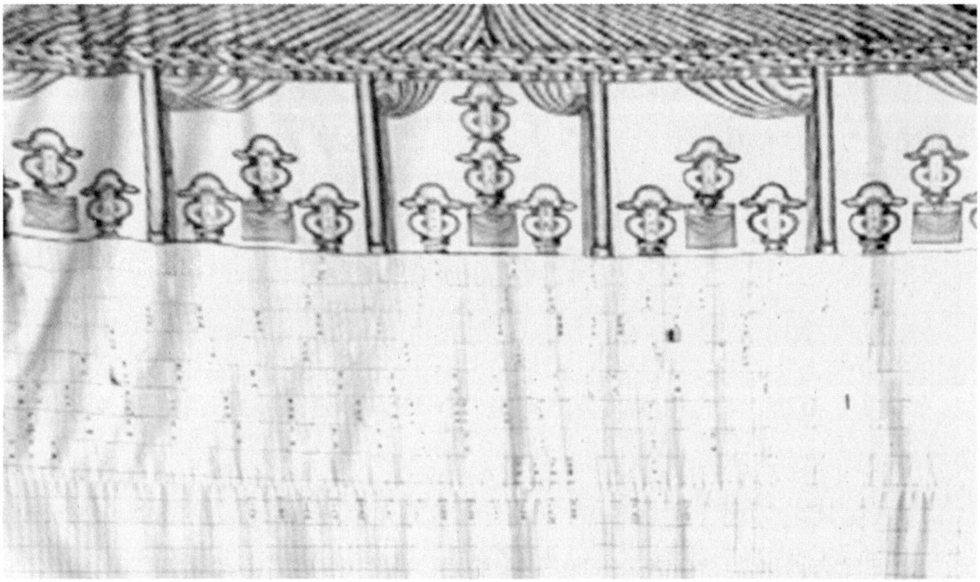

族布

祠堂镶嵌在民居建筑之中，正堂门朝南，临街门楼朝南偏东，祠堂门朝向的远方为山凹，而门楼朝向的远方是山梁，且同时保持了与门楼前大街的一致性，整体融入村中大布局。这样，它们所对应之物，一凹一凸，一阴一阳，以阴阳化煞除害。它着惊艳突兀之笔，平易踏实，威严妥帖；天人合一，意趣天成。这种建筑应对环境的变通，向后人传递了“于困厄中求破解”“于变化中求通达”[1] 的哲学思想。这种思想也被族人继承，支撑着于氏族人突破重重障碍，从明成化年间发展至今，成为一个庞大的家族。

“德”的传承不仅可以通过宗祠、祭祀仪式来体现，也可通过家训、家规以及村规民约表现出来。在实地调研中，我们看到于氏族谱中收录了于氏家族的家训、家规，其中家训讲到了正言、告诫、惩戒，家规强调了传统美德、文明新风、实在做人等内容。这些都是于氏族人遵守和捍卫的家风和族风，强化了于氏宗族对自身行为的约束，规范了族人的道德行为。[2] 同时，《柳池禁约》《整饬村规》《建校碑记》《修道碑记》《祖德实录》等也传承了于氏家族的“德”。例如《柳池禁约》是对家族成员的一种警示，教导家族成员节约用水，不能违背先人的教诲。正是因为村民们遵守着先人的规定，才使柳池得以留存。《整饬村规》则规范了家族成员的德行，起到了教化的作用，对于村中出现的恶行进行严惩，绝不姑息，让族人始终坚持孝悌忠信，知道礼义廉耻。这种村规的出现恰恰是对先祖于谦美好德行的传承，造就了于家石头村淳朴的民风，让于家石头村更加有序，更加团结和谐。

萧伯纳曾言：“人生不是一支短短的蜡烛，而是一支暂时由我们拿着的火炬。我们一定要把它燃得十分光明灿烂，然后交给下一代的人们。”同理，一个家族的发展也是如此，家族的繁荣从来都不是靠一个人的努力，而是靠家族世世代代的努力，将祖先的美好德行一代一代传承下去。我想于氏家族便是做到了这一点，才得以发展至今。

结　　语

于家石头村，一个以石头铺就的村庄，是于家祖祖辈辈勇于开拓、勤勤恳恳、一石一斧开凿出的，每一块石头都渗透着于家先祖的智慧与心血。于家石

① 于闰斌等：《于氏家谱》，2017 年，第 382 页。

② 王飞飞：《祭祖仪式与宗族发展互动关系研究——以浙江东阳卢氏望族为个案》，温州大学 2012 年硕士学位论文。

头村的村民通过祭祖、上坟等方式来表达对已逝先祖的追悼，同时也提醒自身不能忘记祖宗教诲，维系了社会稳定和成员间的团结。正是对敬祖的重视，才使得先祖的德行一代代传承下去，让于氏族人知晓了于氏家族文化的重要性，每个人都要肩负起传承于氏家族美好品德的责任。于氏宗族从成化年间发展至今，靠的就是这份传承与坚持。

通过这次调研，我们感受到我们的调查还远远不够，于家石头村的发展有很多可以借鉴的地方，比如注重管理、塑造宗族认同感等。探寻于家石头村的发展也是探寻人类社会文明发展的规律，从个别中窥见一般，致力于乡村建设的发展，是我们探寻古文化村落的重要意义。

（指导教师：张殿清　范喜茹）

于家石头村人物命名文化调研报告

赵欣雨

人名是时代的缩影，于家石头村的人名体现着时代的变迁。于家石头村目前为止共有 1600 余人，自明代成化年间于有道开始，至今已有 26 世，其中 95％为于姓。在传统封建社会中，男性被视作宗族传承的主体，所以翻看宗谱，只有于家男性后代的名字，妻子大多只有姓氏，如“于更魁梁氏”，女性姓名资料缺失。因此，此次调研主要以男性名字为例，挖掘其背后的起名特点。

一、研究于家石头村人名的价值

人名是对一个人最初、最直观的了解。人名与时代、社会无法分割，因为人名往往反映了一个时代的文化特征。追溯一个家族的祖上，我们还能通过人名观察时代的变迁。同时，人名也反映了文化的习俗与传统，能够体现出命名者的心理活动。

人名从方方面面映射着当时社会的政治生活、经济发展、宗教信仰、社会风俗，正如法国著名人类学家列维-斯特劳斯所言：“姓名作为一种文化现象和文化载体，是命名者的文化修养的直接体现；同时也是文化背景的折射，人们从中可以窥见一个时代的社会特征。”① 石头村人名文化的变迁是太行山区村落

① ［法］列维-斯特劳斯著，李幼蒸译：《野性的思维》，商务印书馆 1987 年版，第 210 页。

发展的典型个案，具有较高的乡村文化研究价值。

于家石头村的人名记载将时代的信息直观留存下来，让我们更为深切地感受到不同的时代文化对社会生活的影响。透过人名，我们或许能够更细致、更深入地了解石头村这一古老的村落，由人名的变化探寻几百年来石头村的时代变迁。

二、人名调研的主要材料

将《于氏家谱》中的名字作为主要研究资料，以碑刻为辅，力图对于家石头村的姓名做较为广泛、全面的分析。碑刻主要为《塑像碑记》与《重修祖坟碑记》，皆为实地调查时自己或者同伴拍摄。

（一）碑刻人名

石头村的碑石文化兴盛，从《塑像碑记》到《重修祖坟碑记》，碑刻对石头村村民的生活进行了严格规范，彰显了宗族中无形的伦理道德束缚。石头村村民非常重视代表着宗族的宗祠，因此于氏宗祠被建于石头村的中心地带。在封建社会宗法制度中，宗族内部自成体系，甚至有资格对族内人进行审判，而宗祠就是一个宗族的公共场所，族内成员经常在这里开展宗族的集体活动。

于家石头村重修祖坟碑记

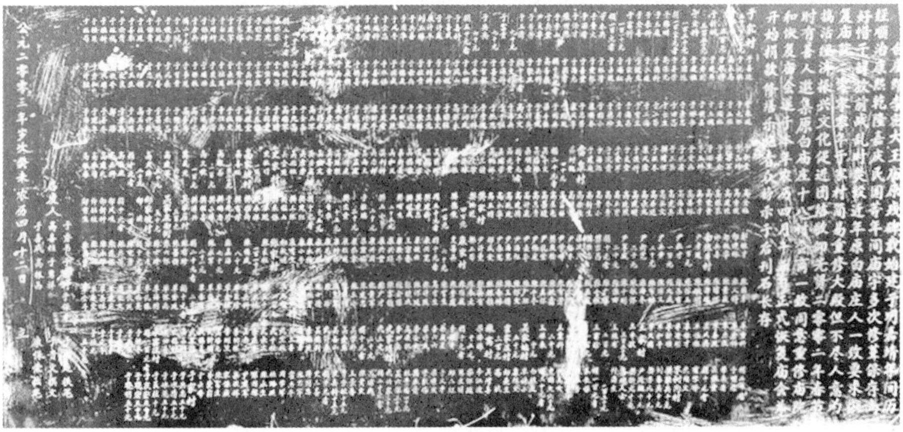

于家石头村重修白庙碑记

（二）族谱人名

《于氏宗谱》详细记载了自于氏先祖于有道以来繁衍二十五世的脉络和门第关系，同时还附录《白庙于家村纪事本末》《历代碑文纪实》《于谦资料汇编》《民间传说故事》《碑考于氏遗迹·家谱》等，以及于家石头村于氏繁衍发展简况、河南省卫贤镇浚县于村《于氏宗谱》记载等资料。族谱可以使我们从纷繁复杂的族人姓名中理清宗族关系脉络，同时还能起到团结宗族成员、弘扬当地优秀文化的作用。

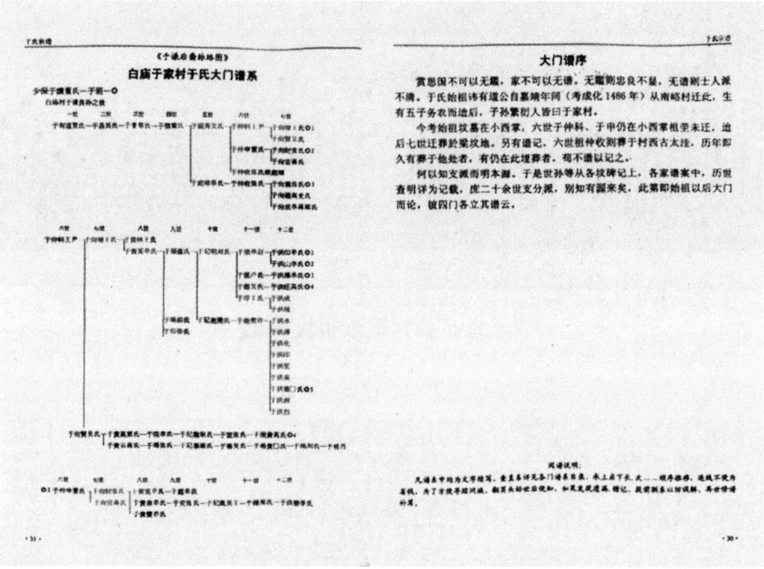
《于谦后裔脉络图》

白庙于家村于氏大门谱系

大门谱序

赏思国不可以无鉴，家不可以无谱。无鉴则忠良不显，无谱则士人派不清。于氏始祖讳有道公自嘉靖年间（考成化1486年）从南峪村迁此，生有五子务农而迨后，子孙繁衍人皆曰于家村。

今考始祖坟墓在小西掌，六世于仲科、于申仍在小西掌祖茔未迁，迨后七世迁葬於梁坟地。另有谱记，六世祖仲收则葬于村西古太洼。历年即久有葬于他处者，有仍在此埋葬者，苟不谱以记之。

何以知支派而明本源。于是世孙等从各坟碑记上，各家谱案中，历世查明详为记载，庶二十余世支分派，则知有源来矣。此第即始祖以后大门而论，被四门各立其谱云。

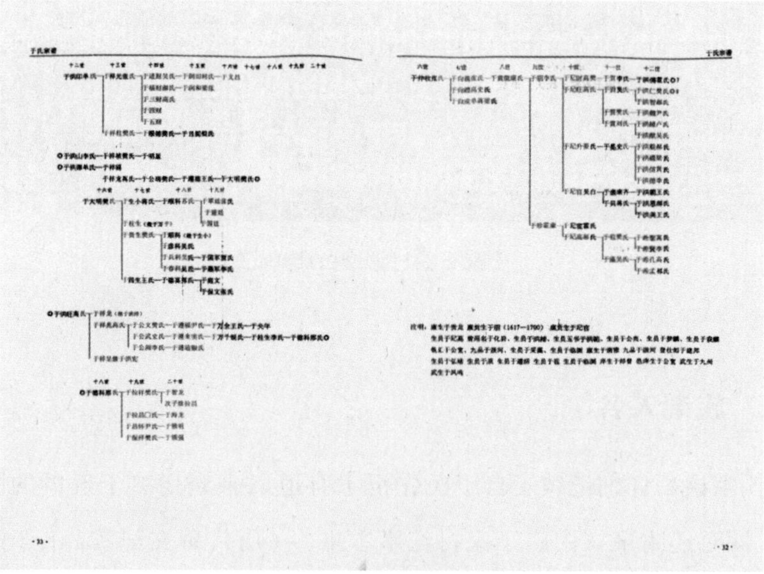

《于氏宗谱》书影

三、于家石头村人名的主要类型

本部分将于家石头村人名主要归类为以下几种类型：宗族型、尚儒型、寄托型、粗简型、爱国型、现代型。这些类型的名字多与当时所处的时代背景相关。宗族型大多受宗族文化影响明显，同辈姓名具有相似性；尚儒型主要是名字中包含儒家伦理，受传统儒家文化影响较深；寄托型将对科举高中、平安长寿、荣华富贵等愿望寄托在人名中；粗简型是因受教育程度低或医疗技术不发达而产生的简略的命名方式；爱国型是将国家强盛、报效祖国的愿望寄托在人名上；现代型是近十几年来与宗族、儒家文化关系较浅，趋向简单化的命名方式。

（一）宗族型

宗族文化深入中华民族的血脉之中，所有家族成员共同参与先祖祭祀活动，并且宗族文化重视血脉相承，强调延续家族血脉的重要性。“传统中国人的名字包括三部分，第一部分是‘姓’，第二部分代表在家族中的‘辈分’，第三部分是‘名’。”① 因此，一代人有时候会被视为一个整体，他们的名字具有一定的相似性。《于氏宗谱》中“白庙于家村于氏大门谱系”就记载着于家石头村的这一现象。

如第十二世以“洪”为辈分名，即不同的辈字，所有这一代出生的男子姓名中第二字全为洪，如“于洪成”“于洪现”“于洪水”“于洪化”“于洪印”“于洪生”“于洪全”“于洪洲”“于洪烈”等。第十六代一支以“吉”为辈分名，如“于吉增”“于吉文”“于吉承”“于吉林”“于吉隆”“于吉福”“于吉祥”“于吉云”等。

---

① 苏红、任孝鹏、陆柯雯等：《人名演变与时代变迁》，《青年研究》2016 年第 3 期，第 31—38 页。

以第三个字为辈分代表的亦有，例如第十九代以“槐”字为辈分名的一支，如“于庭槐”“于孝槐”“于银槐”“于孟槐”“于名槐”等；以“财”作为辈字，如“于树财”“于成财”“与秀财”“于进财”“于贵财”“于玉财”等。

有些辈字是整一辈都以这个字作为辈字，有的则是小家庭之间采用不同的辈分名。如第十六世“于吉隆高氏”后人到第二十代，除第十九代“于植槐”一脉采用“科”字与“于国槐”一脉采用“明”字以外，其余都是采用“柱”作为辈分名，“于保柱”“于栓柱”“于玉柱”等。

还有一些不仅有辈字，剩下的那个字也采用同一偏旁。例如“于吉魁”一脉“于聚”三子分别为“于德洋”“于德海”“于德水”。这些辈字多用金、木、水、火、土作为偏旁部首，“寓意金生水、水生木、木生火、火生土、土生金，世代循环往复，生生不息”①。

另外，一些世代不以“字”作为辈字，而是直接采用同一偏旁的不同字。单个字用同一偏旁表示辈分，早在汉朝时就已经出现了，如“于昭王氏”之孙都采用水字旁，“于汴”“于渭”“于湛”“于澈”等。通过偏旁我们依然可以分辨出他们是同辈人。

也有一些名字并不具备同一偏旁，但其含义却具有相似性。如二十一世“于科宽”孙辈名字分别为“于鹏”“于飞”“于鹏飞”“于翔”，都有期望子孙如飞鸟般自在逍遥的含义。还有十四世“于临渊”之子以“鸣”为辈字，名字分别为“于凤鸣”“于鹤鸣”“于莺鸣”“于雁鸣”，对应三种鸟类动物与“百鸟之王”的神话传说。

辈字的出现使我们能够从纷繁庞杂的名字中理清宗族关系，对宗谱脉络一目了然。同时辈字也是宗族集体荣誉感强的体现，人们的名字不只独属于自己，也带上了宗族的烙印。在宗族中，集体在第一位，人要从属于宗族，就连名字也要为宗族让步。但同时辈字将一个个独立的个体凝结为强大的宗族，在特殊时期，一个团结而强大的宗族更有可能存活下来。

---

① 高璐：《宗族内人名变迁的文化意义——以陕西省〈米脂县万丰里高氏族谱〉中的人名为例》，《榆林学院学报》2010 年第 1 期，第 28—30 页。

还有一点，中国人起名与西方有很大的不同。西方父子、母女用同一个名字的情况有很多，常用名字数量较少，而中国因为汉字数量多，重复的可能性小，并且中国在起名时要避讳长辈与晚辈用到同一字眼。

中国人对人名的避讳可以追溯到西周时期，与宗法制的建立，宗族文化中长幼有序、尊卑有别的思想观念具有密切联系。"宗法模式的特点是土地分封制和宗法制的结合、政治和伦理结合，它讲究上下尊卑、长幼有序、亲疏有别；于是尊者、长者、擅权者就通过其人名禁忌来强化这种伦理秩序和等级制度，这就是人名避讳。"① 儒家重视"幼"对"长"的尊敬，重"孝悌"观念，这种尊卑分明的制度是中国封建社会的重要组成部分，因此晚辈不得使用与长辈相同的字作为名字。

此外，还有另一种说法是，这种避讳源自中国自古以来浓重的祖先崇拜，死去的先人被视为神明一般的存在，出于对先祖的尊敬，后辈应避开先人的名讳。《于氏宗谱》也体现了这一点，每一辈的辈字都有所不同。尤其是挨得较近的几辈中，名字间不会出现重复的字，如十三世"于守政"一脉，其子名为"于龙泉"，其孙名为"于师程"和"于师和"，祖孙三代名字完全不同。于家先祖"于有道"等人的名字更是后人不敢取的。

（二）尚儒型

新中国成立之前，石头村人起名深受传统儒家文化影响，主张"仁、义、礼、智、信"。儒家伦理由国家倡导慢慢渗透到了人们的社会生活当中，并反映在了石头村人们的名字上。

例如第十四世"于荣光"一脉的第十六世以"德"作为辈字，"于春德""于敬德""于恭德""于明德"等，体现了对子孙美好德行的期许。

第十二世"于积寿"一脉的"于信成"之子以"仁"作为辈字，祈求后代心怀仁爱，四子名字分别为"于仁征""于仁忠""于仁智""于仁勇"。

---

① 卞仁海：《必也正名：中国人名避讳的历史渊源和文化机理》，《深圳大学学报（人文社会科学版）》2020 年第 3 期，第 151—160 页。

第十世“于庚”一脉的第十三世孙以“怀”作为辈字，名字依次对应“仁义礼智”，“于怀仁”“于怀义”“于怀礼”“于怀智”，更是对古人注重儒家传统道德修养的生动体现。“德”“仁”“义”“敬”“忠”“恭”等涵盖儒家伦理道德的字出现频率很高。

（三）寄托型

人名往往寄托着父母对孩子未来的期许，或是官运，或是财运，抑或是平安健康。这类名字选择的字眼较为集中。

1. 寄托对科举高中的希望

科举高中一向是古人魂牵梦萦的人生追求，“春风得意马蹄疾，一日看尽长安花”，考取功名，成就一番事业，是多少寒窗学子的梦想。就像当今父母希望孩子考上理想的大学一样，古时的父母也祈祷自己的孩子能够高中，并且将这个愿望寄托在孩子的名字里。

第十一世“于思恭”之孙用“元”作为辈字，取名“于夺元”“于魁元”，父母把“元”理解为状元，表达“夺得头魁”之意。

第十二世“于昌泰”给自己儿子取名为“于文元”“于武元”，希望孩子在文与武方面都能有所成就。

第十八世以“科”为辈字，“于顺科”“于兵科”“于春科”“于彦科”等名字，大概是取登科之意，盼望孩子高中为家族争光。

第十一世“于勋臣”三子分别名为“于殿科”“于殿元”“于殿举”，更是极其明显地包含了科举高中的元素。此外，诸如“于计官”“于顺卿”之类的名字，寄托着父母不仅期望他做官，还希望他做个良官的美好愿望。

“思”“文”在石头村的名字中出现频率也很高，含有钦明文思之意。如第十五世“于进湖吴氏”一脉“于满贵”之子以“文”为辈字，“于怀文”“于英文”“于兰文”“于拉文”。第十一世则以“思”作为辈字，“于思忠”“于思孝”“于思惠”“于思成”等。

2. 寄托对平安长寿的期望

在旧社会物质资源不充足的年代，饿死、病死孩子的情况并不少见，父母为了让孩子能够活下来会给孩子取一些有象征意义的名字。比如“铁柱”“拉柱”“锁柱”等，“柱”是“住”的谐音，所表达的意思是将孩子的性命拉住、锁住，留在世上。有些还将方言发音的字留在了名字里。

还有一些期望孩子长命百岁、健康无虞的名字，如“于永锁”“于祥泰”“于长贵”“于福寿”“于长生”，等等。“长”“寿”“永”“生”一类的字经常被使用到，这是人们对美好愿望的寄托。用谐音起名字，也体现出了中华文化的博大精深。

3. 寄托对荣华富贵的愿望

除此之外还有一些名字体现出了对家族繁荣昌盛、荣华富贵的追求。这些名字中大多出现“富”“贵”“昌”等字眼，如“于家富”“于家隆”“于家贵”“于保贵”“于成富”“于发昌”“于润来”“于昌泰”“于兴隆”“于得兴”等。

（四）粗简型

俗语有言：“贱名好养活”，由于古代医疗技术不发达，物质也不充分，婴幼儿非常容易夭折，于是于家石头村一些人也遵从这句俗语，给孩子起一些虽不好听但寄托着生存愿望的名字。

例如第十一世“于九如”一脉的第十六世于福禄的四个儿子分别为“于正小”“于二孩”“于三孩”“于四孩”，再比如第十五世“于凤鸣”一脉第十七世名字分别为“于拴只”“于六指”“于七子”“于八子”“于九孩”，名字中的数字往往代表着这个人在家中的排行。此外“苟”“臭”之类的字也会出现在名字里，如重修碑记上的“二苟”“臭小”等。

这样给孩子起名的大多是农村受教育程度较低，并且所在地区医疗水平落后的家庭。古时文盲率很高，读书考取功名并不是每一个家庭都能做到的事情，因此对孩子的命名也大多比较随意，具有代表性或者彰显家中排行的名字比比皆是，名字的实用性很强。

（五）爱国型

在封建社会中，忠君与爱国，二者是无法分割的，爱国就意味着忠君。因此，人们多以“忠”字表达自己的爱国之心，“于忠发”“于尚忠”“于仁忠”等名字皆是如此。

新中国成立后，人们起名由传统儒家忠君思想向热爱国家转变。如第十九世于兵槐之孙以“振”为辈字，名字为“于振兴”“于振国”“于振芳”“于振华”。“振”字本身就有发展的含义，在这里“振兴”和“振国”是对中华民族伟大复兴的祝愿。

再比如第二十世“于素来”之孙以“建”为辈字，取名“于建利”“于建华”“于建云”“于建荐”，蕴含建设祖国之意。还有“于惠军”“于利军”“于永征”“于建中”“于永中”等一系列赞扬红军、赞美中国的名字。这在一定程度上也代表了包含儒家传统思想的字眼逐渐从名字中淡出。

（六）现代型

人名趋向简单化是不可避免的趋势，这是当代快节奏生活的一种反映。古人不光有名，还有字，男女立字时间也不同，当官时被冠以地名或者官名作为名字，死后有谥号。除此之外，法名、学名，诸多名字都能指向同一个人。这与现代大有不同，现代人往往只有一个名字代表着自己。新中国成立后，人们的名字逐渐向简单化发展。

20 世纪 80 年代后期，人们的名字逐渐向现代化方向转变，变得更加活泼，不再局限于传统文化或者是爱国含义了。“于彬彬”“于航航”“于浩楠”“于井东”“于鑫”“于浩元”等一系列叠词或者具有明显现代化气息的名字层出不穷。少去辈字后，单字为名的情况也逐渐增多，如“于萍”“于帆”“于磊”“于雷”等。由此可看出，随着人们物质生活得到更好的满足，人们的名字对个人美好品质的寄托增强，或者没有寄托过多的情感，只是让名字回归名字本身，好听即可。

四、人名文化的阶段性发展特点

新中国成立前，人们起名时很难不受儒家文化的影响，从于家石头村的人名中我们可以看出儒家思想对人们影响之大，而儒家观念又是重视伦理纲常、重血亲人伦的，这有利于团结宗族，凝聚血脉。可以说儒家思想与宗族观念相互影响，同为中华传统文化不可忽视的一部分。

新中国成立后，人名与宗族的联系不断减弱。改革开放以来，伴随着经济飞速发展，城市劳动力需求量不断增大，大量乡村年轻人涌入城市寻找工作。石头村亦是如此，村中老人小孩居多，年轻人较少，安土重迁的思想在青年人中不断减弱，不少年轻人留在外地不再回来，宗族对个人的约束也在飞速消逝。现在人们起名更多是为了彰显孩子气质、性格或者对未来成就的美好寄托，与宗族间的联系明显减少了。

计划生育使得宗族人口和规模不再像从前那般庞大，再加上城市化与现代化的冲击，个体与宗族连接的丝线日益稀疏。个体从宗族中独立出来，成为更能彰显自身特点的存在，人名也逐渐不再体现宗族的特点了。

结　　语

于家石头村的石砖石瓦历经千年风霜留存至今日，就像于家石头村宗族成员的姓名被记录在宗谱上流传到了今天一样，不曾被岁月掩埋。一个个名字，是文字的化石，深深镌刻着时代的烙印。人们见证着名字的变迁，宛若见证了那些时代的变迁。而在一些特殊时期，人名也会具有特殊的含义，例如第十五世“于丕承”一脉第十九世出生在“文革”时期，以“兵”为辈字，“于海兵”“于卫兵”“于建兵”“于润兵”“于国兵”等名字就具有鲜明的时代特征。人名难以逃开政治、经济和社会文化的影响。在政治、经济与文化进一步发展的未来，名字还将继续与时代一同改变，或许那时，人类社会也将进入新的篇章。

（指导教师：顾乃武）

与山石居：于氏宗族生活初探

朱国放

一、于氏宗族与于家石头村概况

于家石头村始迁祖为于有道，据其族谱考证为于谦长孙。于谦遇难后其子隐居于井陉南峪村[①]，后生有三子：长子于有道、次子于东道、三子于南道。后因生活所迫，在明成化二十二年（1486），于有道和其三弟于南道携妻带子迁往白庙山下（今于家石头村），其二弟于东道仍留居南峪村。

由于家石头村于有道故居与于氏族谱记载得知：于有道最早到此地时是择洞而栖，后选择在今北巷（北尖儿）一带居住，此处既防洪防涝又靠梁向阳。于有道先搭草棚，再掏土窑，垦荒造田，艰辛耕种。[②] 数年后，在土窑旁建了四间窑洞，这便是于家石头村的开始。明嘉靖期间，于氏开荒造地百余亩，以祖居为中心建造房屋数十间，周边栽植各种果树，村落基本形成。初来时，因附近有一白庙，遂起名白庙村。

明隆庆年间子孙繁衍到第七代，于氏一族已有 400 余人。草房、平房、瓦房、窑洞、二层阁楼等相继出现，村内建歌楼，山上起庙宇。明万历年间村民于喜春建起了村东大门：清凉阁。到明末，于氏一族已有 800 余人，房屋千余

① 南峪村，位于于家石头村西北方向 20 公里处。

② 于闰斌等：《于氏家谱》，2017 年，第 21 页。

间，村中形成上中下三街，东西称街，南北称巷。清康熙年间开始推行联庄制，白庙村与周围 14 个村组成白庙庄，约乾隆初年更名为于家村，一直沿用至今。

到了乾隆年间，于氏一族达 1300 余人，房屋 2000 余间，瓦房、窑洞、平房随处可见，无梁殿和二层阁楼有 20 多处，四合院 150 多座，两座楼房四合院“客位房”矗立村间。城堡式的村落四门俱全，于家石头村成为一个“不到村口不见村”的安心家园。这时，全村地域达 10 平方千米，西到红土岭、平顶垴，南与支沙口、流沙棚接壤，东跨当泉村和高家坡相连，北越史家、樊家与武家堰毗邻。① 到民国初，人口 2000 余人（未记外迁人员），各山沟山岭梯田层层，村内学校、医药铺、武校以及各样店铺、集市齐全。

据村中 2017 年版《于氏家谱》以及碑刻记载，如今全村共有 400 多户人家，其中 1600 余口为于谦后裔。于氏占全村总人口的 95%。除于姓外，村中还有康姓，于、康两家世代友好。据明清时期碑刻记载，康姓迁居时间大概在嘉靖三十七年至四十五年间（1558—1566），迁来之时，于氏家族捐给康姓一洼地，名曰康掌沟，容其建址、生息，后因分散迁回村内东街。500 年来，于、康两家亲如兄弟，康氏谱书记载：“已历五百余年，两姓联手，誓作秦晋之好，左右四街，甘为亲情之邻。至今千口余村，仍和睦相处……”② 春节期间互拜先祖，延续至今。

村中有石头房屋 4000 多间，石头街道 3700 多米，全村的六街七巷十八胡同均为青石铺就，整个村落基本上比较完整地保存了明清时期的建筑风格。于氏宗族地处太行山深处，与石头结下了不解之缘，他们用石头建造石楼石阁、石街石巷、石宅石院、石桌石凳、石碾石磨、石井石窖、石桥石栏，浓厚的历史积淀，深厚的文化底蕴，丰富的民俗内涵，形成了于家石头村独具特色的石头民俗文化。③

---

① 于闰斌等：《于氏家谱》，2017 年，第 22 页。

② 于家村于氏谱书编委会：《于氏宗谱》，2004 年，第 20 页。

③ 王海侠：《石头村·石头——太行于家石头村民间建筑艺术与风俗研究》，河北师范大学 2006 年硕士学位论文。

尽管于家石头村只是一个普通的山村，在中华大地的几十万村落中它显得有些平平无奇，但于氏宗族自万历年间开始记谱，历清代、民国，至 2017 年谱牒多次续修。祠堂自民国建立后香火不绝，村中每有兴作都立碑记之，五百多年于氏宗族与山石居的生活得以记录，为研究中国北方宗族村落生活提供了经典案例。

学界对于家石头村的研究成果集中于石头建筑文化、古村落的保护与开发。范霄鹏和兰传耀《太行井陉于家石头村的田野调查》一文深入研究了于家石头村石头建筑与当地地理环境的关系，进而指出由于经济发展、现代生活方式等多种因素的影响，村落的保护与发展成为亟待解决的问题。① 王海侠的《石头村·石头——太行于家石头村民间建筑艺术与风俗研究》一文主要探讨了于家石头村石头对村民生活的影响，并研究了在现代视角下石头村应如何开发和利用。② 王雪梅主编的《传承·井陉县非物质文化遗产图典》一书对石头村建筑风格与标志性建筑价值进行了深入探求。③ 路润学在其文集中收录的《于家古村落石文化述略》一文分析了于氏宗族关于石头文化的历史积淀。④

本文在继承吸收已有研究成果的基础上，利用于家村实地田野调查获得的民间文献与口述访谈的资料来探究于氏宗族五百多年与山石居的生活，希望为人与自然和谐共生提供帮助，同时助力新时代的乡村文化建设与振兴。

---

① 范霄鹏、兰传耀：《太行井陉于家石头村的田野调查》，《古建园林技术》2017 年第 2 期，第 47—50 页。

② 王海侠：《石头村·石头——太行于家石头村民间建筑艺术与风俗研究》，河北师范大学 2006 年硕士学位论文。

③ 王雪梅：《传承·井陉县非物质文化遗产图典》，河北人民出版社 2016 年版，第 211 页。

④ 路润学：《墨林轩文谭》，团结出版社 2012 年版，第 91 页。

二、生存环境与宗族居住

（一）自然地理环境

于家石头村是井陉县辖属村镇，井陉属山区县，境内山峦起伏，河谷盆地，错落其间，自然环境优劣共存。地质基础古老而复杂，地形凹凸而倾斜，河水低流而水量不稳，地下水埋深而开采困难，降水不均而水旱灾害交替，耕层土壤肥力稳中有升而含钾量递减。境内诸项建设活动受制于自身环境，又凭借其自然条件得以发展。①

于家石头村附近环境

于家石头村四面环山，太行山东旋有城山脉系，西自山西旧关东北发轫，

① 《井陉县志》编纂委员会：《井陉县志（1985～2004）》，新华出版社 2006 年版。

逶迤而东，入河北井陉为海拔 800 多米的三棱垴、平顶垴、红土岭诸山峰，从此分支，扇形向东迤。这里重密叠嶂，沟壑交错，山中一条大沟由西向东蜿蜒，连接绵蔓河，把于家村周边山脉分为南山、北坡，形成四面高中间低，不爬大坡不翻梁难入“手捧心”的特殊地形。[①] 村子位于山中间的洼地，山峦环抱，绿树掩映，在村舍周围，清一色的干打垒石墙梯田，依山就势，跨凹绕梁，将方圆 10 平方千米的山场锁住，这样既能锁住山洪又有利于种植稼禾，既能造福人类又有利于美化山川、净化村庄。为了防止水土流失，保护耕地与山村安全，于家石头村四周山上植有柏树防护林；南坡果园，西坪果园。村舍周边，旮旯空地，古槐、古柏、黄连树、大楸树、本地杨等遮天蔽日，构成卫前翊后之势。[②] 于家石头村迁居初始尚有泉水，但随着人口增长，加之深处太行山东麓腹地的特殊盆地地形影响，渐渐形成了十年九旱的闻名旱庄。

（二）村庄建筑布局

村庄建筑布局在很大程度上受其自然环境影响，大多建筑靠山依水。形似凤凰的山脉是它的天然屏障，青云寨（寨垴山）是屏障的最高峰，雨天，村中“九水归一”形成三条河，把石头街冲刷的铮明瓦亮，西九水汇圈砼，中九水汇老母庙口，东九水归大碾口，三河直流南面河沟。有趣的是，村东，归水永固桥头折向西流入南河沟；村内，经向三路，上中下三条街，水井、池、院、沟筑成了一盘棋。[③]

于家村的古旧房屋基本有两类，一类是明清时期建的瓦房，现仍保存有近千间，青石墙，灰瓦顶，古色古香，雅俗兼备。另一类是石券窑洞，这是当地的特有建筑。窑洞墙宽近一米，用加工的石头垒砌，顶厚一米许，以天然石拱券。石头窑洞就地取材，无梁无柱，左拱右券，结构奇特，坚固耐用，墙宽顶厚，冬暖夏凉，实用性极强。

---

① 于闰斌等：《于氏家谱》，2017 年，第 2 页。

② 于闰斌等：《于氏家谱》，2017 年，第 397 页。

③ 于闰斌等：《于氏家谱》，2017 年，第 398 页。

石头路

于家石头村建筑的主要特征是：1. 融合南北的建筑风格且自成一家，历经沧桑却越发清晰明亮；2. 选址讲究，全村六街七巷十八胡同，总长七华里，虽是村庄建制却俨然一座天然城池，周围环山，四面有门，国内实属罕见；3. 石券窑洞无梁无柱，墙宽顶厚，冬暖夏凉，适宜居住。①

地理上封闭的村落，历史上落后的农耕，使石头村于氏家族在石头文化开发上不断拓展。② 村中建筑大多为四合院，于氏先人就地取材，充分利用当地石料进行建造。于家石头村的房屋建筑规范明确，门与门相对，户与户相连。农居为各家按需而建，邻里之间互相参考但决不雷同，房屋既有个性又不失共

① 王雪梅：《传承·井陉县非物质文化遗产图典》，河北人民出版社 2016 年版。

② 路润学：《墨林轩文谭》，团结出版社 2012 年版，第 93 页。

性，形成了灵活多样而又统一的建筑风格。[1] 东西为街，南北为巷，不通为胡同。全村共有六街七巷十八胡同，这些宽窄不一的街道多为青石铺就，其大小不等、形状各异、纵横交错，总长度有 3700 多米。据了解，村中使用石头修建房屋时将剩下的下脚料用来修路，因此大多都是石头路。

蜃气楼戏台

在于家石头村的村庄建筑中古戏台占有十分重要的地位。于家村不大，却有六座戏台，这些戏台大多分布在庙阁旁边。每逢节日或庙会，总会演出几天大戏。清末《整饬村规》中有处罚赌博人“写戏一台，连唱三日”的规定。[2]

---

① 范霄鹏、兰传耀：《太行井陉于家石头村的田野调查》，《古建园林技术》2017 年第 2 期，第 47—50 页。

② 于闰斌等：《于氏家谱》，2017 年，第 395 页。

或许这是于家石头村戏台之多的一个重要原因。每个戏台附近都有一个老式水井，据了解，水井作用有三：一是为了方便村民饮用；二是为了方便戏剧演员化妆使用；三是水井有扩大声音的效果，古代没有音响等设备，以此让人听清，增加演出效果。如今这些井因为担心儿童跌入，都已封锁。

（三）于氏族人居住与娱乐生活

于氏始迁祖于有道共有五子，于氏族人以五子分为五股。于氏五股居址各有特色，有着错综复杂的关系，这也影响了村中武术社火、庙会等娱乐生活。

1. 五股居住分布

村中大股多居住于于氏宗祠以及官坊街附近；而二股能人多，自古以来有钱人多，因此子孙繁衍众多，主要居住在村子西侧主干路两侧；三股则迁往河南地区；四股多居住在村子东北方向，四股自明清以来有练武习俗，负责保卫村子，而村子东北方向地势高，推测该地有利于村子的整体防御；五股在村中居住较分散。

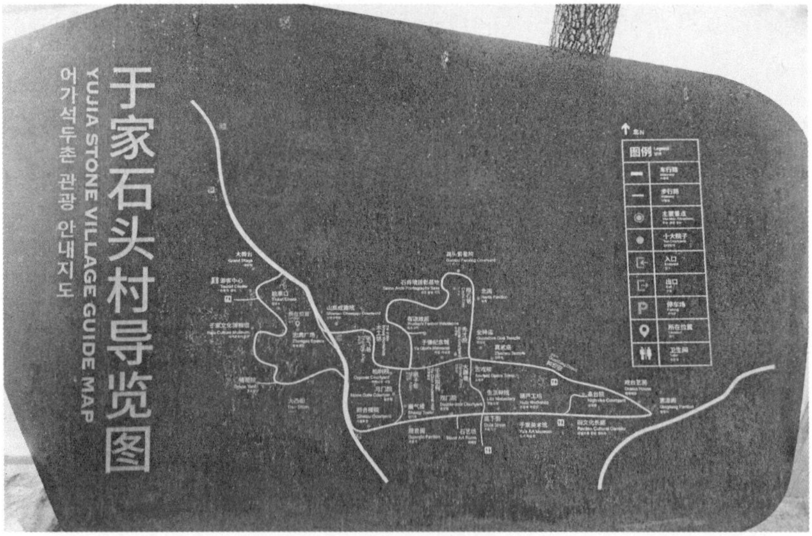

于家石头村导览图

2. 武术社火

社火是中国民间一种庆祝传统节日的庆典狂欢活动。社火随着古老的祭祀活动逐渐形成，是一种歌舞杂耍娱乐活动，在明清逐渐发展演变成为一种在城乡各地年节时演出的群众娱乐形式。实际上，无论是在历史上还是在今天，民间表演活动（有的与祭神仪式有关，有的则无关）都与一定的社群有着密切联系。①

现居于家石头村的四股，每股都有一项文娱传家本事。大股戏剧；二股民乐；四股武术、社火；五股秧歌、高跷。舞榭歌台，显示了浓烈的文化气息。

在于家石头村，于氏一族的社火是在祖传武术的基础上组编的，全称“祖袭武术社火”，其主旨功能是“保庄、护田、维民”，同时起到强身健体、娱乐村众的作用，流传至今五百余年。开始时，武术社火全村管理全民参与，清康熙年间，社火立香（会）管理，村里责成四股专司传承，禁传外人。祖袭武术社火的特点是“功底深厚、静稳快刚、实用效果强、欠热闹、少花哨”。于家社火属“红脸社火”，选取传统历史故事中的英雄打斗片段，采用传统戏剧化妆演绎的表演形式，充分展现了人物间高超的武功招数和激烈的对打场面，惊心动魄，扣人心弦。于家社火融入的是“中三路”武功路数，基本要领是：“身取中低势，踏地脚生根。斜身拗步进，退避侧自形。凝神观对手，敌动我再动。撤步藏攻势，出手快准狠”②，其要求是：静制动，稳生威，快出奇，刚超强。

于家社火会是一个组织团结、纪律严明、能吃苦、能打拼的团体。组织机构设有：后勤主管、副主管、拳师（头令）、演练指导（二令）、副拳师（三令）、副指导（四令）共六人。团队内部分工明确，责任到人，出场和演练主要听从四令旗的指挥。于家社火会设有“拳房”和“演练场”。③ 冬天和农闲时

① 赵世瑜：《明清华北的社与社火——关于地缘组织、仪式表演以及二者的关系》，《中国史研究》1999 年第 3 期，第 134—142 页。

② 于闰斌等：《于氏家谱》，2017 年，第 415 页。

③ 于闰斌等：《于氏家谱》，2017 年，第 416 页。

采取传帮带的方式加强和提高在册人员的水平，培养下代基本功，年复一年，使祖袭武术社火一直传承。

随着社会生活的变迁，祖袭社火的“保庄、护田、维民”功能淡化消失，适应新时代“娱乐健身、舞蹈表演”的功能又没能及时补位，因此，20 世纪 90 年代以来于氏社火有名无实，传承危在旦夕。

3. 庙会

清代实行保甲制。于家石头村根据所在位置建立五甲，即大小西头、观音阁一带为南甲；东头一带为东甲；高头洼一带为北甲；西边口一带为西甲；官房一带为中甲。各甲都有自己的花会节目。南甲为老母会，以耍高跷为主；东甲为黄河会，有抬皇扛、秧歌等；北甲为菩萨会，主要是社火；西甲为灯山会，主要有渔家乐、晋剧小戏；中甲是真武会，主要有民乐十样景、拉花等。每逢春节、元宵节，整个于家村灯山会海，载歌载舞，热闹非常。于家的戏剧在这一时期已有雏形。①

通过考察于氏各股居住位置我们发现，村中大股多居住于于氏宗祠、官坊街，大多为中甲。二股则多居住在村子西侧，大多为西甲，二股的民乐与西甲的渔家乐、晋中小戏有诸多相似之处。四股多居住于村子东北方向，大多为北甲，传承祖袭武术社火。可见清代保甲制与于氏宗族五股的关系密切。于氏一族的武术社火与庙会的传承深受宗族影响，明清时期，官府借助宗族等民间力量维护其在民间基层的统治，这为宗族的进一步发展提供了条件。另外，于氏宗族深受先祖精神的影响，在武术社火、庙会的娱乐生活中使宗族观念不断增强，宗族日益团结，于氏子孙在于家村繁衍五百多年长盛不衰。

① 于家村于氏谱书编委会：《于氏宗谱》，2004 年，第 15 页。

三、石头建筑与族人生活

于家石头村的建筑或为于氏族人遮风挡雨以居住，或供奉祖先、神灵以凝聚族人，其中村中东大门清凉阁、真武庙以及南大门观音阁都是于氏宗族生活的鲜明写照。

（一）清凉阁

清凉阁作为石头村的东大门，主要由于氏五世祖于喜春在明万历年间修建。于喜春从小随祖父、家人在繁峙县金矿谋生，学会了坑道支护及原理，后因矿工暴动，一家人逃出矿山回到老家。于喜春回村后，多行善举，在村内外多处助修建筑，还捐资铸钟，他为于氏宗族、于家村做的最大贡献是独立兴修了东大门清凉阁。民国《井陉县志料》建筑篇中这样记载：“村民于喜春身大力强，家贫好义，独立兴修……”①

清凉阁

① 《井陉县志料》，1931 年修，1988 年整理重印。

清凉阁是一个九级飞檐式的三层建筑，高 15 米，占地 83 平方米，建在倾斜的天然石板坡上，不打根基，不填辅料，完全干打垒而成，石块巨大惊人，长者数米，重者万斤。整个建筑雄伟壮观，匠心独具，结构奇特，鬼斧神工。传说“于喜春身高体阔，行走如飞，能够借黄牛力气干活，是一个半仙之人”，也有人称赞说：“匠心俱费，别样巧夺以天工，乃励磋磨，劳刓削。慷慨襟怀，沉雄气魄。忆悬梁之苦，股可引锥；努开山之功，斧堪劈凿。于焉若坚铜墙，若环铁壁。造此奇观，留兹古迹。”① 于喜春可谓是于家村几百年来的传奇人物。

于喜春本想在村口修建一座九层石阁，以此怀念先辈功德，告诫后世子孙。但于喜春用 16 年的时间修完了第二层，自己却不幸被砸伤，伤口感染，因此去世。后来的第三层是当时的村民为了完成于喜春的遗愿，举全村之力而建的。在于翰如的《石阁赋》中有这样的记载：“终恨前身而未就，聊完半截，卒待来世以垂成。而后之人，继襄盛举，咸费经营，下既盘崖而筑石，上乃刻桷而丹槛，粟粒兮钉头颗颗，琉璃兮瓦缝盈盈，钟鸣山寺瓶耀水晶，于是不掩前善，以垂后名。”同时于氏在阁的对面建起了于家村的第一座戏台，台上第一次出现于家人自己演出的花会节目。

《清凉阁碑记》

清凉阁上下三层，结构各异，引人入胜，第一层为拱券四门式；第二层是实心四室式；第三层乃明柱回廊式。该建筑顶层系“木砖补葺”，四面明柱、单门殿堂，白墙壁画，琉璃瓦顶，清新明快，古朴高雅。下面两层是全石建筑，错落有致，高低俯仰，犬牙交错，跌宕

① 于闰斌等：《于氏家谱》，2017 年，第 420 页。

起伏，颇有美学价值。清凉阁上面两层皆为庙宇，最上层是玉皇庙顶，供玉皇大帝。第二层分四室：东室三皇庙，供尧舜禹；南室三义堂，供刘关张；北室阎王殿，供阎罗王；西室观音祠，供送子观音、瘢疹娘娘和眼光娘娘。下层是拱券形建筑，拱券中央顶部有于喜春侄子于朝兴所刻《清凉阁碑记》：“万历九年起根源，一人修筑其实难。二十五年完下节，思量何日得周全。阖村都说使木植，凭吾独力凿石山。经营暂停观此境，等待功成万古传。”清凉阁是于氏五世祖于喜春举义兴善、福泽于家村于氏后人的最好见证，是于氏宗族宗教信仰、娱乐生活最早开展的中心。

（二）真武庙

真武庙位于石头村正中心，坐北朝南，始建于嘉靖四十五年（1566）三月二十五日，它是一座砖石结构的建筑，进入此庙，先要登十五级石质台阶，拾级而上，原本低矮的庙门在抬头之间显得高大威严，庙内正殿供有金面真武塑像（1998 年重塑），院内有一块仅存的石碑，记载了于家村的建村方略、建村方位以及于家村原名等内容，是一本难得的“村史”。

真武庙的建立还有着一段故事：明嘉靖二十一年（1542），井陉兵备道管辖的固关、娘子关及避暑楼等复修，设“把总百户”，嘉靖二十二年筑城，“把总百户”升级为“守御千户所”，驻兵 1500 余人。这些驻兵的粮饷部分来自军垦，要求官兵在周围区域垦荒种地。当时，白庙村来了若干兵，有的还带有家眷。有些兵不执行“垦生地”政策，而是强行夺占于家人的熟地、肥地、近地、大块地。这些土地是当时家族分配给三股、四股的生活地，于是三股带头其他股响应，展开了“反夺地”斗争，结果惹恼了官府，欲对于氏家族实施镇压。家族面临灭顶之灾，众老与官兵交涉，愿交肇事首要者，但官府不依不饶。为保全族脱身，三股全家人只好认罚领罪，又经族人上下疏通，官府勉强做出“首要伏法，全家驱出族，流边任其生灭”的处罚。约明嘉靖二十三年至嘉靖二十五年，村里的三股族人变现家当离村而去。①“国无防不立，民无兵不

① 于闰斌等：《于氏家谱》，2017，第 370 页。

安”，于氏一族在这场斗争中选择了忍让。

在嘉靖四十五年修建真武庙时，《真武庙记》中记载修建者有“平定州守御千户所军余石匠”以及村中康姓族人。[①] 可以看出在冲突数年之后，于氏宗族与军队的关系有了很大程度的缓和，也可以看出于氏宗族与邻为善的品格。真武庙的建立也是双方化干戈为玉帛的一个标志。无论何时，一个家族的命运总是与国家社会的发展密切相关，于氏宗族这种顾全大局的精神也在不断传承，在抗战时期，村中出过十余位为国捐躯的烈士。

（三）观音阁

观音阁是于家石头村的南大门，族人于万海始建于清顺治四年（1647），于顺治六年竣工，并由于文庆、于以旃、于铎、于腾雨在康熙五十七年（1718）进行重修。《创建观音菩萨阁记》和《重修碑记》立于庙阁二层的东西两侧，记述着观音阁几百年前的兴修历史。此庙乍一看并无特色，然而仔细观察却非同一般：两层楼阁，朝北坐南，前置歌楼，后有山川，右倚古道，左临桥涵，上砖下石，筒瓦重檐，上层观音庙，下层石洞门。庙顶“重檐”与通常讲的“斗拱重檐”完全不同，它是房顶前坡截然分为两段，宛如两个房顶衔接在一起，一前一后，相距四米，这种建法极其罕见。石券洞门虽不高不宽，但是深达 8 米，相对使人感到幽深古奥。

该庙东侧建有九级陡峭的露天石头阶梯，踏梯而上即到楼上观音庙。庙内假山之间筑有三个神龛，龛内塑有观音、文殊、普贤三尊神像。原来每年农历二月、六月、九月的十九日举行庙会。一座庙宇一年之内举行三次庙会，颇为少见。

观音阁不只具有宗教意义，更为于氏一族渡过难关提供了精神力量。于氏宗族历经了明清之际的动乱后，建起了南大门观音阁，建阁碑文记述：“观音菩萨从来吾乡未之有也。窃念菩萨之为神也，最灵最感，救苦救难，其为吾民

---

① 于闰斌等：《于氏家谱》，2017，第 370 页。

之所福庇者，深且远也……”① 使族人平稳度过了改朝换代带来的不适，继续前进。

在乱世之中，人们对于现实多持悲观失望的态度，更容易寄托于虚幻的来世，佛教思想恰好适应了人们的情感需要，因此在乱世之中宗教尤其是佛教发展较为迅速。

四、石碑记录的族人生活

在于家石头村，石头不仅可以建屋立庙铺路，还可以用来记录生活，石碑散落在村子的各处，诉说着石头村五百年的历史。在这五百年的历史中，全村共建有二百余块石碑，至今还留有数十块石碑。在这里，有保护山间树木的《禁山林碑》，有保护水源的《柳池禁约》，有教化村民禁止赌博的《整饬村规》，等等。这些石碑上的村规民约解决了于氏族人在生产生活中遇到的现实问题，对促进宗族发展发挥着重要作用。

（一）《禁山林碑》

早在明嘉靖十年（1531），于家石头村就将村南山上的原始灌木林连同村西青山洞原始灌木林定为永久性保护林。清康熙三年（1664），当时的族长会同族人商议，最终立下了《禁山林碑》予以管理警示，这项规定也成为于家村的一项村规，一直为于氏族人遵守至今。其内容摘录如下：

林乃村之瑞，茂以兆人兴，故吾始祖留得南山与青山洼为禁林区，约五百亩。然后人时有毁林之为，族人于朋、于王巳、于准、于文庆、康祥等人立约，禁牛羊，绝砍伐，如有违约者，毁一罚十。纵火者，如违约不

① 于闰斌等：《于氏家谱》，2017，第 374 页。

认罚者绅耆乡甲逐村外。①

南山是于家石头村村南的一座小山，山上长满了黄栌，根据《禁山林碑》，南山严禁砍伐放牧。但在近些年这项规定也遇到了新的挑战。一位村民向当时的村支书于彦新举报有村民砍了南山上的树，就在于彦新对砍树村民宣布处罚时，砍树村民解释道：自己砍的并不是南山上的树，而是滋生在自家田头的树，由于小树年年生长，妨碍了耕田，所以砍掉了小树。于彦新来到南山脚下的田里调查发现，村民所说的情况确实如此。按规矩砍树罚款绝不含糊，但村民砍的小树虽是长在南山脚下，但确实是妨碍了自家的耕田。当时村委会的成员为此争论不休，最终决定这次不对砍树的村民进行罚款处理，因为他砍的不是南山上的树。

由此，村委会对这一老村规进行了补充：今后即便是砍伐自家田里滋生出来的树，也要提前告诉村委会，待村委会勘察以后再做决定。砍树风波到此平息，于家村没有违背祖先定下来的老规矩，还因此补充了禁止砍树的新内容。

在《禁山林碑》确立的三百多年里，于氏族人遵守着这项村规，无人前往南山砍伐放牧，南山也没有发生过一次山火。由此也可以看到于氏一族对于祖先的尊崇以及对于自然的敬畏。同时，于氏宗族也没有固守陈规，而是不断调整，适应实际，与时俱进。这就是于氏宗族发展壮大的重要原因。

（二）《柳池禁约》

于家石头村所在的井陉县干旱严重，用水不便，河北曾有句民谣“平山不平，井陉无井”。于家石头村的地下水水位都在百米之下，人们用水全靠积蓄雨水。在于有道建村时，曾带着儿子在南山上修建了一个蓄水池，旁边栽有柳树，因此称之为“柳池”。

到了明嘉靖年间，于家已经繁衍到了第五代，人口达 100 多人，这时人畜用水出现了紧张。于氏四世祖于强、于怀担心“日久坑深，则挖池不力；门多

① 于闰斌等：《于氏家谱》，2017 年，第 396 页。

人众，则取水不公”[①]，为家族生存，节约用水，于明嘉靖十七年（1538）制定《柳池禁约》。乾隆三十九年（1774），于氏后辈为此立碑。

《柳池禁约》碑

碑刻的主要内容有：村中每年挖池，保证柳池不被淤泥堵塞，但需各家出工，独夫、孤子、寡妇、病家除外，有误工者，一工罚钱五十。另外，为节约用水，还规定了每家每天的用水限制。“吃水许一瓮，取冰许两担，有多积者，一瓮水罚钱五十，一担冰罚钱二十”[②]。处罚所得钱财，全部充作修理柳池的费用。在《柳池禁约》中，不仅有对水源的保护，还蕴含着一种人文关怀的精神，体现了对鳏寡孤独等弱势群体的理解与体恤，这种精神至今仍在传承。

禁约在警示人们不要忘记和违背祖训的同时，也号召大家在自家院内和村外空闲地建井窖。到20世纪70年代，全村已有水井窖池1000余个。正是这个《柳池禁约》让于家村人祖祖辈辈爱水如命、惜水如金，也让于家后代摆脱了水荒厄运。水窖不仅解决了村里用水之需，也成为于家村一道亮丽的风景线，见证和诠释了于家人的智慧和勤劳。建村500多年来，于家村也遇到过许多次恶劣的自然气候，但是这里没有出现过一次用水荒，这在整个井陉山区都是一个奇迹。[③] 今天，虽然于家石头村已经打出了机井，吃水不再需要南山的蓄水池了，但村民们一直遵守着祖先立下的规定，如今的柳池仍是当初的模样。

---

① 于闰斌等：《于氏家谱》，2017年，第396页。

② 于闰斌等：《于氏家谱》，2017年，第396页。

③ 郭建、马伟兰编著：《善行文化在河北》，人民出版社2017年版，第187页。

(三)《整饬村规》

18世纪中叶以后，一些不良习气蔓延到于家石头村所在的太行山区，村中的一些人沾染上了要钱赌博、不劳而获的恶习。赌博不仅破坏了家庭的和睦，还败坏了于家石头村淳朴的村风，当时的家族长召集村中数十位长辈，在清同治三年（1864），商议制定了禁止赌博的村规，即《整饬村规》。其中说道：

《整饬村规》碑

> 从来里中之害，莫有甚于赌博者，或类聚明赌，或勾引良民窝留暗赌，耗资荡产种种匪事败风坏俗，莫此为甚。于是集合村人商量禁之。有开设赌场群聚玩钱者，由家族长派人组成小组，每天入户巡查，一旦发现有人耍钱赌博立即处理，一经查出，罚每人写戏一台，歌舞三日。捉获脱逃，罪坐本族，无近枝近叶，罪坐邻居。外来赌匪，罪坐容留。若因赌博而引发偷盗，则逐出村庄，世代不可搬回。①

从《整饬村规》可以看出，戏曲在于氏族人的生活中发挥着重要的教化功能。“请戏一台，连唱三日”的处罚既让赌博者花费钱财，又让其接受教育，激发其羞耻心。因为戏文里所唱的内容都是忠孝仁爱、礼义廉耻，一个人的羞耻心一旦被唤醒，便会改过自新。

通过《禁山林碑》和《柳池禁约》，我们可以看出于氏一族对自然生态环境的保护意识，也可以看出于氏一族对于祖先的敬畏之心。于氏一族深处山林之间，就像这大山，淳朴自然。于氏宗族的生活依照村规井然有序，而《整饬村规》的制定则为这种淳朴村风的传承提供了保障。于氏宗族在村规民约保障

① 于闰斌等：《于氏家谱》，2017年，第395页。

下的生活充分展现了其作为于谦后代的精神传承。

五、于谦山石精神与传承

于谦，出生于浙江杭州府钱塘（今杭州），祖籍河南省考城县（今兰考县），在他三十多年的为官生涯中，忠贞为国，勤政爱民，政绩卓著。土木之变后，于谦在“北京保卫战”中力挽狂澜，在中国历史上书写了壮烈辉煌的一页。于谦一生刚直不阿，光明磊落，为官清廉，可以说是历代为官之楷模。

于谦一首《石灰吟》以石灰自喻，表达了自己不避千难万险、勇于自我牺牲、坚持忠直清白的可贵品格。诗曰：“千锤万凿出深山，烈火焚烧若等闲。粉骨碎身浑不怕，要留清白在人间。”于谦那积极进取的人生态度、大无畏的凛然正气更是给于家石头村的后人以启迪和激励。于谦的精神是中华民族的宝贵财富，更是于谦后裔的宝贵财富。

于有道自南峪村搬迁至白庙村（今于家石头村）后，继承于谦遗风，光大于谦精神，决意开辟斯土与山石居，与鹿豕游。在数百年日月轮回、风雨沧桑的岁月中，用勤劳的双手在土少石多的深山中开辟了新家园，用铁锤钢钎在坚硬的石灰岩上打造了灿烂辉煌的于家村历史、民俗及石头文化。清凉阁至今仍矗立在于家石头村东，诉说着于氏宗族对祖先的怀念，对于谦精神的传承。走进“垒石成墙，劈石为瓦”的于家石头村，不由得给人一种精神的昭示：人与生俱来的最宝贵的东西是开拓生活的精神与韧力，无论在怎样的环境中都不能遗失。

于氏宗族在一代代传承中，一直未曾忘本。于氏先人曾言：“吾到南峪村，去查上世灵，查到十几户，俱是于谦宗，只知官职大，谁知吾祖先!”[①] 于家石头村于氏家族自古以来就有年年回乡（南峪）祭祖的传统，随着于氏家族人口的不断增多，祭祖活动也一年比一年隆重，清代曾有十二秀才顶戴花翎回乡祭

---

① 于家村于氏谱书编委会：《于氏宗谱》，2004 年，第 12 页。

祖的记载，场面十分壮观。①

于谦的山石精神在于家石头村随处可见，并一直保存至今，其体现在于氏族人辛苦建造的石楼石阁、石街石巷、石宅石院、石桌石凳、石碾石磨、石井石窖、石桥石栏等历史文化遗迹中；书写在散落村中各处的一块块石碑上；生长在一个个于氏子孙日复一日、与山石居的日常生活里；流淌在一代代于氏族人的血脉里。

结　　语

于家石头村坐落于太行山深处，贫瘠的土地、漫山遍野的石头并没有限制于氏一族的发展。相反，他们苦中作乐，充分利用当地山川形变，就地取材，使用石头来修建房屋、祠堂、庙宇。当生活达到一定水平后，石头也就成了艺术与思想的寄托。村中的标志性石头建筑清凉阁、真武庙、观音阁体现着于氏宗族重视传统、追思先人、与邻为善的优良品质。在于家石头村，石头也是记述历史的重要载体，村中的村规民约刻写在石碑之上，经历了几百年的风雨洗礼仍然熠熠生辉。于谦的山石精神也永存于每一个于家人的心中。

于家石头村，穿越五百多年岁月沧桑，屹立于太行山深处至今，这是于家子孙代代相传坚韧不拔之奋斗精神的写照。于氏宗族就像一棵参天大树，深深扎根于太行山这片山石之中，与山石居的生活深刻地影响了整个宗族的发展，锤炼出于氏族人开拓进取、团结奋斗的精神。至今，《石灰吟》的余音仍在传唱，与鹿豕游的故事还在讲述，于氏一族的发展也在一直向前。

（指导教师：范喜茹）

① 于家村于氏谱书编委会：《于氏宗谱》，2004 年，第 12 页。

信仰篇

于家石头村丰富的神庙文化

雷云博

一、于家石头村主要庙宇建筑简介

神庙是用来供奉神灵、神话或传说人物、历代贤哲、历史著名人物的房屋式祭祀建筑，但不限于佛寺与庙宇，还包括祠、道观等，有着祭拜先祖先贤、祈福纳祥、消灾解厄、祈求平安、教忠教孝的作用。庙供神，阁为门，戏楼歌舞，这是传统古村落的基本建筑格局。

井陉县于家石头村拥有丰富的神庙文化，具有数量较多的神庙类建筑，其数量是一般村落无法比拟的。石头村的庙宇有不同类别，有祭祀祖宗的，如于谦宗祠；有祭祀圣贤的，如白庙（也叫李密大王庙）；有祭祀天地神仙的，如全神庙。除了祭祀之外，还有功能性较强的庙宇建筑，如神庙剧场和求丰收、求平安的青爷庙等。往往一个庙宇有着多重作用。

（一）清凉阁

位于石头村东的清凉阁，也称神仙阁，是于家石头村的标志性建筑。① 清凉阁始建于1581年，据《井陉县志》载，清凉阁在县南的十五里于家村，亦名三节阁。明万历九年（1581）村民于喜春身大力强，家贫好义，独立兴修。

① 吴温、冯建君：《石头村：明朝遗韵》，《森林与人类》2009年第6期，第70—77页。

至万历二十年，方砌成下层，及第二层修竣，即行病故。至第三层，系村民用木砖补葺。阁下层所砌之石，多达万余斤重。下层东面悬一石制桌裙，上镌梅花鹿，工粗而雅。①

相传，家贫好义的村民于喜春修建此阁是感念祖先于谦的为官为人，拟建起九层楼阁，以遥望古人蒙难之地北京城。于喜春原拟九层阁楼全由石头砌起，虽然艰难但用志不辍。他去世后，他的侄儿于朝兴在阁楼底部的中央拱券巨石上刻有碑文，以寄其志："万历九年起根源，一人修筑其实难。二十五年完下节，思量何日得周全。阖村都说使木植，凭吾独力凿石山。经营暂停观此境，等待功成万古传。"②

清凉阁除第三层是砖木结构外，以下两层均为全石材质，石墙石壁、石拱石券、石梁石柱、石阶石栏、石磬石匾，囫囵观之，好像天然的巨石雕成。此阁奇绝之处在于，如此高大的建筑，竟以天然石底为基，不填任何辅料，完全以大小石块打垒而成，有的以天然之状砌入，有的凿迹寥寥，构造虽粗犷，但细微之处却颇见巧工。比如东门的"风动匾"，虽然是巨石匾，却以雕琢精湛的双童簇拥梅花鹿为饰，以石楔固定，且能随微风而动，其状摇摇而不坠，故名"风动匾"，所谓"工粗而雅"。至于雕深画栋、五脊六兽、斗拱重檐，实为鬼斧神工。

清凉阁原系于家村东门，东西拱券便是城门，而以上两层皆为庙宇，且一阁之上竟有五庙。第三层是玉皇庙，第二层共列四室，分别是尧舜禹三皇庙、刘关张三义堂、阎罗殿和观音祠。阁西有一歌楼，系祭神朝圣时唱戏之用。其中最大的一块巨石重达 3.2 吨，很难想象古人在没有机械的帮助下是如何搬运如此大的石块的，由此更加敬佩古人坚韧不拔的品质。据记载，当初村民建议用砖木，于喜春坚持用石头，他说砖木要用钱，而村子周围到处是石头，只要我有力气，就可以取来用。他白天在娘子关出工，晚上回来，用一头牛驮来石头建清凉阁。传说当年于喜春手指伤口的血滴落在清凉阁涵洞前的一块石头上，

① 钟文英：《井陉县志》，清雍正九年修。
② 见清凉阁碑文。

至今仍可见滴滴深红色血迹。[1] 于喜春强大的体力和坚强的毅力真的令人佩服。

清凉阁

(二) 白庙（李密大王庙）

具体内容介绍详见本书《于家石头村的白庙（李密大王庙）》一文。

(三) 于氏宗祠

于家石头村是聚族而居的血缘村落。[2] 在这种村落里面，宗族是唯一的组织力量，既是最基本的，也是最权威的。因此，祠堂对村落的规划能够产生极大的影响，是住宅之外最重要的乡土建筑。一个血缘聚落的发展、兴旺以及衰落，都能从祠堂上反映出来。在中国古代封建社会，宗法制度是专制制度的基

① 于秀书等：《于氏宗谱》，2012 年，第 20 页。

② 王海侠：《石头村·石头——太行于家石头村民间建筑艺术与风俗研究》，河北师范大学 2006 年硕士学位论文。

础，历代统治者都十分重视和维护宗法制度。宗祠是宗法制度的物质象征，被赋予了重要意义。

于氏宗祠是一座古老的石头四合院，占地约三百平方米，共有房屋十五间。宗祠大门上方挂有一块黑绿色金字大匾，上书“于氏宗祠”四字，旁边挂有宫灯，两扇黑漆大门，门板上横排着四行球面形圆钉。门槛墙面由石头构成，门框上贴有鲜艳的红纸黑字对联。大院北面，也就是正房祠堂，建在高台之上，长十四米，宽八米，门在正中，装有四扇花棂木门，门首悬挂“爱见忾闻”金字匾额。门口两边是一副楹联，上书“基业远遗祖德恩泽大，藻萍时荐百世水源香”。楹联左右是砖砌三尺窗台，窗台上装满花棂窗扇。祠堂内宽敞明亮，四根明柱分列前后，东墙靠窗处，镶有一块修建祠堂碑，碑首刻有“根深叶茂”四个叠篆，碑面文字清晰，字体秀美，文体简洁，是石头村重点保护文物之一。

祠堂正中设有于有道神龛，龛内牌位两侧是四条透雕金龙，上面有一个“寿”字，牌位正中刻有“始祖于府君讳有道配贾氏神主”金字。神龛前面是黄缎帷帐，帷帐两边分别悬挂着“五股”家谱，每块家谱均以高过三米、宽数米的白布制成，上面绘有彩色灵堂图案，下端绘制彩色牌坊图案，宽阔的中间部位排列着先逝者姓名。家谱前面均摆放着供桌，上面有铜制蜡台、香鼎和面制贡品等。其他房屋均低于北房，供值班、集会以及存放香火、供品、灯笼、乐器等。

宗祠中供奉着先祖于有道及其后代先逝者，在这座庄严的建筑之中，几乎所有的组成部分都被赋予了神圣的含义。最有代表性的是宗祠院内的一棵古柏。此树有三个名字、三个奇。三个名字是：旋柏、龙柏、茶柏。三个奇是：树奇、枝奇、叶奇。旋柏：由于树身从下到上旋转着生长，好像一根拧成的麻绳，所以叫旋柏。这象征着于家人拧成一股绳、团结向上。龙柏：是原名，此树自然生成五枝，寓意于氏五股，龙凤呈祥，是龙的传人。最粗的一枝为大股，稍细的一枝为二股，依次排列。其中第三枝向外探长，直指北方，正好三股的人迁到山西大同。茶柏：普通的柏树叶子苦涩不能入口，而此树却截然不同，它的叶子煮茶清香可口。

（四）观音阁

观音阁位于村子南口，始建于清顺治四年（1647）。此庙是两层阁楼，坐北朝南，前面置戏楼，后有山川，右倚古道，左临桥涵，上砖下石，筒瓦重檐，上层观音庙，下层石洞门。观音庙虽然不大，洞也不宽，却是明清古道的入口，石头村的南大门。明清古道紧倚此庙，是该村最长最直的一条石头古街道。庙顶“重檐”与通常讲的“斗拱重檐”完全不同，它是房顶前坡截然分为两段，宛若两个房顶衔接在一起，一前一后，相距四米，这种建造方法极其罕见。下层石料规矩方正，錾迹细致，在该村众多古建筑中属精工建筑。石券洞门虽然不高不宽，但是深达八米，相对使人感觉到幽深古奥。①

该庙东侧建有九级陡峭的露天石阶，踏阶而上，即到楼上观音庙。庙内千凸万坎的假山之间，筑有三个神龛，龛内塑有观音、文殊、普贤三尊神像。原来每年农历二月、六月、九月的十九日举行庙会。一座庙宇一年之内举行三次庙会颇为少见。庙的对面是戏楼，现为全村的文化活动中心。

观音阁

① 范霄鹏、兰传耀：《太行井陉于家石头村的田野调查》，《古建园林技术》2017 年第 2 期，第 47—50 页。

（五）真武庙

真武庙位于石头村正中，坐北朝南，始建于嘉靖年间。这是一座砖石结构的庙院，建在高高的十五级台阶之上，是此村建筑最早、台阶最高的庙，庙门高大威严，门首高悬“默会万真”金字匾额。进门迎面有一个高 1.6 米的柱形八棱石头香亭，上置双耳石雕香炉。亭周围刻有一首诗歌：“宝鼎烟霏瑞霭庭，莲花瓣瓣附香亭。乘除有数更新制，偶正相排仿旧形。八面磨成璃映碧，一拳削就石仍青。乡民顶礼从兹肃，升降阶前仰圣灵。”正殿是筒瓦飞檐，脊上镶有浮雕式二龙戏珠装饰。

殿内供有金面真武塑像。殿门四扇，白纸花翎，檐下挂有宫灯。院内原来有八块石碑，现在仅存有一块建庙碑，虽然经历了四百多年的风雨侵蚀，但是碑文仍然十分清晰。该碑记载了于家村的建村方略、建村方位以及于家村原名叫“白庙村”等内容，是一块难得的村史碑刻。①

（六）全神庙

真武庙西边是大王庙，建于清代顺治年间。庙内墙上原来挂有“全神案”，所以也叫全神庙。

庙门大约宽三米，进门有两根荆条木明柱分立左右两侧，堪称一奇。荆条本来是灌木，细长绵软，只能够编筐篮用，可是它居然长成了柱子，令人百思不解。大王庙对面是戏楼，建于康熙十三年（1674），坐落在一米多高的平台之上，玉带式筒瓦房顶，前台四根明柱，后台三面有墙，中间帐子遮挡，前台东墙向外略有突出，以便容纳乐队；西面没有墙，以方便观众观看。这是全村六大戏楼之一。

真武庙和大王庙所处的位置叫作官坊，以前每逢春节这里最热闹，同时戏楼也最忙，是于家村的文艺会演中心，也是村里逢事开会的聚集之地。

---

① 于秀书等：《于氏宗谱》，2012 年，第 20 页。

全神庙庙门及对联

全神庙供奉的画像

（七）青爷庙

青爷庙位于石头村西山山顶上。嘉靖十七年（1538），由于氏家族发起，在青山洞中修建了青爷庙，青山洞正殿供奉的青山爷，就是宋代的抗金英雄岳飞。

庙的梁上塑有两条蟠龙，形象逼真，分抓秦桧夫妇的人头。在这深山洞里供奉岳飞，其实是暗供先祖于谦。[①] 为了牢记先祖的恩德和被杀的冤情，于家村每年春节都组织后人回南峪祭祖。

青山洞下青爷庙

① 于秀书等：《于氏宗谱》，2012 年，第 19—20 页。

青爷庙内供奉的神像

（八）神庙剧场

神庙剧场是指在神庙里建立戏台并有观剧场地的场所。神庙与剧场的结合在中外早期戏剧发展史上具有一定的普遍性。古希腊早期的剧场旁边建有酒神庙、祭坛，剧场也取名“酒神剧场”。

中国早期剧场除了都市里的商业性剧场、勾栏瓦舍外，就是遍布城乡的神庙剧场。神庙里最早的固定演出场所是正殿前的露台，之后在露台上加顶盖，成为乐棚或舞亭之类，再以后演变为更加专门化的戏台——舞楼、舞庭、乐厅、乐楼、戏楼等。石头村里的神庙剧场也是如此，例如前文提到的观音阁前就有一个戏台，二者遥相呼应，还有真武庙和全神庙的前面也有一座戏台，这些都组成了神庙剧场，成为古时候人们敬神、拜神的重要场所之一，同时也为人们提供了休闲娱乐的场所，丰富了人们的精神文化生活。

在神庙剧场演戏是以敬神为号召的，所以戏台有固定的位置，一般在正殿（供奉主神之殿）前，面对正殿。即使是在街道旷野临时搭台演戏，也要在戏台前盖一小神楼，以敬神为目的。

观音阁对面的戏台

由于在中国传统观念中坐北朝南为尊位，所以神殿（指正殿）一般坐北朝南，而戏台则坐南朝北，只有个别神庙正殿与戏台的位置因地势原因有所变化。如果从有利于采光、观剧等实用的角度讲，戏台应坐北朝南（1949 年以后农村兴建的不依托神庙的戏台基本上都是坐北朝南），但宗教信仰、风俗习惯、传统观念等文化因素在这里起了决定性作用，实用性退居第二。

二、于家石头村神庙的功能和文化特征

（一）祭拜先祖先贤

于氏宗祠最重要的功能就是祭拜先祖，门口的对联“基业远遗祖德恩泽大，藻萍时荐百世水源香”便能很好地体现这一点，宗祠中供奉着先祖于有道及其后代先逝者。在于氏宗祠之中，五股的兄弟都亲如一家，祠堂虽然在北方并不常见，但是只要存在它就一定有着超越历史的作用，将同姓后人聚集在一起，于氏后人无论走多远，都不会忘记先祖于谦在历史上的伟大功绩，更不会忘记先祖于有道在深山开辟村庄、养育后代的艰苦历程。

白庙供奉的是隋朝起义军李密，他们在隋唐时期驻扎在白庙村，村庄由军队进行统治，虽然也要向军队交纳粮食作为军饷，但毕竟安全有保障，百姓念其功德就在这里挖了一个土窑洞供奉李密。

青爷庙供奉的青山爷就是宋代的抗金英雄岳飞，其实从事件的相似性来看，供奉岳飞确实是有一定道理的。岳飞与于谦都是抵抗侵略的英雄，都有着热爱祖国、坚贞不屈的高尚情操，连最后的结局也是那么相似，都是受到了谗佞小人的陷害。

（二）祈福纳祥

清凉阁一阁之上有五庙。第二层共列四室，分别是尧舜禹三皇庙、刘关张三义堂、阎罗殿和观音祠，第三层是玉皇庙。小小阁楼之上竟然有五庙，清凉阁修建之初就希望可以为后人做出一些贡献，为于家后人祈福纳祥，保佑子孙，保卫村庄。

白庙在武则天时期因李密显灵灭火有功，逐渐被当地村民神化，村民往往在干旱年份去白庙进行祭拜，祈福纳祥，其实也就是求雨，希望人们可以顺利地度过干旱。

观音阁内供奉观音、文殊、普贤三尊神像，百姓可以在这里许愿，祈福纳祥。于氏后人将观音阁修建在村内，距离人们的生活如此之近，这也是他们希望自己可以时刻保持一颗祈福求取平安的心。

真武庙和全神庙也位于村子中央。真武大帝是汉族神话传说中的北方之神，为道教神仙中赫赫有名的玉京尊神。全神庙中多为道教神仙，正如全神庙庙门外的对联所写："全民赖有全神护，百姓长新百代安"，人们恭恭敬敬地对待这些神仙，希望他们能保佑百姓世代平安。

（三）教忠教孝

于氏宗祠不仅可以起到家族祠堂的重大作用，也是教化百姓、教忠教孝的重要地方。在封建社会中，封建制度与宗法制度紧密地交织在一起，宗祠也就成了封建社会发号施令的统治场所，人们要经常来到这里接受教化，对犯了错的人要严厉处罚，以警醒其他人。

这些庙宇并非一次建成的，而是根据村落的发展以及社会文化的演变而不断增建完善的。在众多的观阁庙宇中，于氏子孙把为百姓生活排忧解难的各路神仙都容纳进来，满足了乡民求助各种超自然力保佑的心理需求，使他们获得了精神安慰。

三、探究于家石头村佛教建筑及其文化缺乏的原因

石头村的佛教建筑及佛教文化比较缺乏，仅有清代修建的观音阁，建造时间也较晚，因此佛教文化对石头村的历史影响非常有限。观音阁内筑有三个神龛，龛内塑有观音、文殊、普贤三尊神像，但并未从文献中发现人们对观音阁有特殊的感情，而更多的是作为与戏台所搭配的建筑而存在着。在观音阁和戏台之间的广场上举办庙会成为每年必举行的文化活动，慢慢地这里也就成了全

村的文化活动中心，逐渐和佛教信仰关系不大了。

佛教自两汉时期传入，经过魏晋南北朝时期的发展，在隋唐时期达到了鼎盛，但是石头村为什么没有留下相关的佛教建筑呢？根据前文的分析得知，于家石头村的雏形最晚在隋唐时期就已经形成了，但是隋唐时期的村子规模很小，而且由于石头村的地理位置太过偏僻，所以即使是在佛教最鼎盛的隋唐时期，佛教仍然没有大量传入石头村，所以也就没有佛教建筑可以保留下来。

佛教作为一种精神文化领域上的一个存在，往往受到政治和经济的重要影响，不同朝代的政治环境是佛教能否兴盛及广泛传播的一个重要因素。于家石头村位于石家庄井陉县的大山深处，山脉连绵起伏，交通不便，土壤贫瘠，多石头分布，农业不发达，更不用说商业的发展状况了。而佛教建筑及佛教文化是以一定的经济基础为基石的，例如修建寺庙等。寺庙的收入主要包括寺产的收入、香油钱、信徒的捐助等，但是石头村的农业并不发达，可耕种土地面积很少，难以有更多富余的粮食来供奉寺庙和佛教徒。

由此可以得出，政治和经济的情况是于家石头村缺少佛教建筑及文化的重要原因，从这两方面解释也是比较合理的。

（指导教师：顾乃武）

于家石头村的白庙（李密大王庙）

王婧怡

于家石头村这个小村庄有着丰富的传奇故事。村落西北方向的山上，距离村子不到0.5千米的位置，矗立着一座白庙（又称李密大王庙）。庙宇在1947年时被毁。庙院的北面是正殿，殿内供奉的是隋末农民起义军领袖李密，其塑像和他的坐骑红牛均为泥塑。庙门朝南，门前有双斗旗杆，门内两侧是钟楼和鼓楼，院内有一口水井。庙院的对面是戏台，右侧是会演场，原来每年农历四月十三日至十五日举行庙会，全庄十几个村的戏曲、武术等文艺队伍前来会演，赶庙之人漫山遍野，热闹非凡。

白庙

白庙大门和牌匾

一、于家石头村白庙建筑的起源与传说

传说中的白庙始建于唐代武则天时期，隋末李密曾在这里屯兵，李密死后，当地的老百姓为了纪念他就在于家村西南 0.5 千米处挖了一个白坩土窑洞供奉李密。在武则天当政时，一日皇宫忽然起火，火势冲天无法扑灭，眼看皇宫就要毁于一旦，满朝文武只有跪地祈祷。在这危急的时刻，天空飘来一大片乌云，降下大雨，顿时将大火扑灭了。

武则天万分欣喜，命军师掐算是何方神圣显灵，军师告知是李密。武则天当时就下旨，拨三斗金子、三斗银子重修李密庙。没想到层层官吏私吞金银，最后到修庙时只剩下了二百两银子，于是就只能盖一座很小很简陋的庙了。为了掩人耳目，就将庙墙涂上了白灰，所以这座庙叫白庙。

于氏的先祖迁来时因这座庙而取村名为白庙村。清初实行联庄制，以该村为核心的十多个村庄联合起来，建立了白庙庄。每逢大旱，人们都会向李密大王烧香祈雨。人们觉得这小庙太不壮观，应该按皇帝旨意建成大庙，于是大家集资建成了后来的庙院。

白庙原建庙残碑始建于明嘉靖年间，几百年间，庙宇经多次修葺保存尚好。民国时期，战乱频仍，旧庙破败，当地民众为保存、延续传统文化，白庙周边十八村村民和各界人士一共捐募大约 15 000 元，开始对白庙进行基本的维护。如今的遗址是 1999 年 4 月由群众自发集资翻盖的大殿，现在的白庙已经没有了往日的辉煌。

李密大王塑像

二、白庙传说背后的历史真实性

历史传说与历史事实往往交织在一起。在这里出现了李密大王庙和李密大王的传说，可见当时李密在当地的影响还是很大的。那么李密的势力范围是否涉及白庙村呢？据杨长玉《李密政权势力范围考——隋末唐初群雄辖境考察之一》① 我们可以看出，河北井陉的白庙村并不在李密的势力范围之内。

那为何会在此地出现关于李密大王的传说呢？这与隋末王君廓曾屯兵井陉有关。《旧唐书》中记载隋大业末年，并州人王君廓寇掠邯郸，（王及善父）君愕往说君廓曰：

> 方今万乘失御，英雄竞起，诚宜抚纳遗氓，保全形胜，按甲以观时变，拥众而归真主，此富贵可图也。今足下居无尺土之地，守无兼旬之粮，恣行残忍，所过攘夺，窃为足下寒心矣。
>
> （王）君廓曰："计将安出？"君愕为陈井陉之险，可先往据之。君廓从其言，乃屯井陉山。岁余，会义师入定关中，乃与君廓率所部万余人来降，拜大将军。②

《新唐书》《资治通鉴》与此相同。后王君廓归入李密势力范围，"高祖兵起，召之，不从。归李密，密不甚礼，乃归国"③。据此，王君廓曾为李密部将且倾向李密。武德元年（618）李密为王世充所败，李密降唐之后王君廓等部将降唐。但王君廓等李密部将多重义于李密，李密败亡之后：

---

① 杨长玉：《李密政权势力范围考——隋末唐初群雄辖境考察之一》，《历史地理》2016 年第 2 期，第 56—78 页。

② 刘昫、赵莹：《旧唐书》卷九〇《王及善传》，中华书局 1975 年版，第 2909 页。

③ 欧阳修、宋祁等：《新唐书》卷九二《王君廓传》，中华书局 1975 年版，第 3380 页。

时徐世绩尚为密保黎阳，帝遣使持密首往招世绩。世绩表请收葬，诏归其尸，乃发丧，具威仪，三军缟素，以君礼葬黎阳山西南五里，坟高七仞。密素得士，哭多欧血者。①

由此可见，“密不甚礼”可能只是正史之辞。王君廓屯兵井陉可信度很高，井陉为李密立庙具有历史真实性。至今这里仍有士兵生存的遗迹，地理环境处于盆地且四面环山，又封闭隐蔽，可见此地便于生存且不易被发现，对于避难而来的于谦后代来说是一个不错的选择。因此于家在此安定起居，繁衍后代，出于此等渊源，此地村民在此建李密大王庙便不足为奇。

李密部将王君廓在此屯兵范围有三四公里，沿途留有多处军事遗迹，如藏粮洞、兵器库、军旗孔、饮马池、跑马场等，有的原貌犹存，有的出处尚在，甚有古战场的味道。在当时，这里保留着李密起义军的一些遗迹，而这个村庄常年缺水，十分贫穷，所以当地村民就把李密当成降雨的神灵，而这座白庙也成了村民世世代代的信仰寄托。

三、李密骑红牛形象的本源与塑造

早先的白庙中是有李密骑红牛的泥塑的，后来庙宇年久失修，后人在修缮过程中将这一传统丢失。李密为何有骑红牛的形象呢？《新唐书·李密传》记载：

（李密）闻包恺在缑山，往从之。以蒲鞯乘牛，挂《汉书》一帙角上，行且读。越国公杨素适见于道，按辔蹑其后，曰：“何书生勤如此？”密识素，下拜。问所读，曰：“《项羽传》。”因与语，奇之。归谓子玄感

① 欧阳修、宋祁等：《新唐书》卷八四《李密传》，第3686页。

曰："吾观密识度，非若等辈。"玄感遂倾心结纳。①

李密用薄草做的鞍鞯骑牛，在牛角上挂一卷《汉书》，一边走一边看书。越国公杨素正巧在路上看见，慢慢地跟在他后面，问："哪来的书生这般勤奋？"李密认识杨素，从牛背上下来参拜。杨素问他读的是什么，他回答说："《项羽传》。"杨素于是和他交谈，觉得很惊奇。回家后对儿子杨玄感说："我看李密的见识风度，不是你们能比的。"玄感因此倾心结交李密。

李密经常以骑牛的形象出现在大众的视野中，"牛角挂书"也常用来形容读书勤奋。现在白庙中的李密形象没有以骑牛的形象出现，不符合大众的认知印象，这是现在白庙庙宇建设的不足之处。在乡村文化建设中，应注意到这一点，改造庙宇不能丢失我们的传统，不能忘记历史。我们应该尊重历史，考察其原始传统，还原原汁原味的文化，增加文化认同感，加深村子的文化底蕴，从而复兴我们的于家石头村。

四、石头村与周边村民对李密的神化

为什么李密在此地会受人爱戴？为什么由英雄升格为雨神？

井陉的百姓在所居之处为李密建庙，祈求降雨，可以体现出李密在当地人心中形象的高大，并作为神的象征存在着。不过目前可以考证的资料只能说明李密的部将王君廓在这里屯兵。由此我们可以推测，在战乱纷飞的年代，当时屯兵在此，不免起到了安定此地的作用，使此地免于强盗的劫掠和小兵的骚扰。既然是屯兵在此，也不免有对当地百姓的恩惠，很可能也有相关的济民措施，使百姓安居乐业，军队也能驻扎得安稳。百姓得到了恩惠，自然对军队的首领李密评价很高，把他当作英雄，十分敬仰，并为李密建庙，把他当作神一样供奉。

① 欧阳修、宋祁等：《新唐书》卷八四《李密传》，第3677页。

为什么又会把英雄升格为雨神呢？这和当地的自然环境紧密相关。于家石头村所在的井陉县是个干旱缺水的地方，河北有句民谣："平山不平，井陉无井"，井陉县属暖温带半湿润大陆性季风气候，年内温差大，四季分明，春季干旱多风，夏季炎热多雨，秋季气爽降温快，冬季寒冷干燥少雨雪。该县地处太行山东麓，是个七山一水二分田的纯山区县，受水文地质和气候等自然条件的限制，该县干旱问题一直就很突出，自古就是"十年九旱"。于家石头村地下水的水位都在百米之下，人们吃水全靠积蓄雨水。在这种干旱的环境中，古代的于家村民无法解决缺水的问题，只能靠信仰去求雨。李密是在村民心目中是神的象征，所以村民自然就把降雨的希望寄托在李密身上。就这样，李密自然就成了雨神，李密由英雄变为雨神，这也反映了当地文化的变迁过程。

在白庙村民的心目中，李密是以正面形象存在的。而这种正面评价与正史中李密的形象是比较吻合的，但是在文学作品中李密以负面形象出现的概率居多。《隋书》记载："李密字法主，真乡公衍之从孙也。祖耀，周邢国公。父宽，骁勇善战，干略过人，自周及隋，数经将领，至柱国、蒲山郡公，号为名将。密多筹算，才兼文武，志气雄远，常以济物为己任。"《隋书》记载李密："养客礼贤，无所爱吝。"① 说明李密身世显赫，志向和抱负远大，文武兼修不吝钱财，礼贤下士。

《旧唐书》记载："魏司徒弼曾孙，后周赐弼姓徒何氏。祖耀，周太保、魏国公；父宽，隋上柱国、蒲山公，皆知名当代。""或以项羽拟之，文武器度即有余，壮勇断果则不及。杨素既知密之才干，合为王之爪牙，委之痰儿，卒为谋主，覆族之祸，其宜也哉！"《旧唐书》中也记载了杨素对李密的评价："吾观李密识度，汝等不及。"② 可见李密身世不凡，与项羽相比文武器度宏大，见识颇广。

《新唐书》记载："曾祖弼，魏司徒，赐姓徒何氏，入周为太师、魏国公。祖耀，邢国公。父宽，隋上柱国、蒲山郡公。"评价李密："然礼贤得士，乃田

---

① 魏徵、令狐德棻等：《隋书》卷七〇《李密传》，中华书局 1973 年版，第 1624 页。

② 刘昫、赵莹：《旧唐书》卷五三《李密传》，第 2207、2225 页。

横徒欤，贤陈涉远矣。”杨玄感和李密的交谈：“尝私密曰：‘上多忌，隋历且不长，中原有一日警，公与我孰后先。’密曰：‘决两阵之胜，噫呜咄嗟，足以詟敌，我不如公。揽天下英雄驭之，使远近归属，公不如我。’”①

李密出身显赫，在招揽人才贤士方面远远超出陈涉，驭人能力也十分强劲。《资治通鉴》：“李唐之先，李虎与李弼等八人佐周伐魏有功，皆为柱国，号八柱国家。”② 有人问徐文远对王世充和李密的看法：“或问曰：‘君倨见李密而敬王公，何也？’文远曰：‘魏公，君子也，能容贤士；王公，小人也，能杀故人，吾何敢不拜！’”③ 说明李密出身贵族将门，在徐文远眼中是君子，能容下贤能的名士。

正史中对李密的负面评价较少。《旧唐书》评价李密：“及偃师失律，犹存麾下数万众，苟去猜忌，疾取黎阳，任世勣为将臣，信魏徵为谋主，成败之势，或未可知。”④ 李密生性多疑，喜好猜忌，许多将士无法得到重用，无再起的可能，最终走向覆亡。《隋书》记载：“元真起自微贱，性又贪鄙，宇文温疾之，每谓密曰：‘不杀元真，公难未已。’密不答，而元真知之，阴谋叛密。”李密遇事优柔寡断导致决策迟疑。《隋书》评价李密：“然志性轻狡，终致颠覆。”⑤ 说明李密轻佻狡诈，最终导致自己的灭亡。

《李密墓志铭》曾云：“公体质贞明，机神警悟，五行一览，半面十年，雅善书剑，尤精文史，轻一夫之勇，学万人之敌。至于三令五申之法，七纵七擒之功，出天入地之奇，拔帜拥沙之策，莫不动如神化，应变无穷。负纵横之才，遇风云之会，望紫气以骧首，凌扶摇而振翮，总不召之众，问独夫之罪，从我如流，三分将二。遂有囊括四海之志，并吞六合之心。既而神器有归，朝宗天阙。率从义之旅，为勤王之师。更以名重自疑，功高是惧，将远游以避难，翻途穷而及祸。惜乎！高鸟未尽，良弓遽折，狡兔未获，韩卢已亡。”⑥ 魏

① 欧阳修、宋祁等：《新唐书》卷八四《李密传》，第 3677、3687、3678 页。
② 司马光：《资治通鉴》卷一八五“唐纪一”，中华书局 1956 年版，第 5771 页。
③ 司马光：《资治通鉴》卷一八六“唐纪二”，第 5817 页。
④ 刘昫、赵莹：《旧唐书》卷五三《李密传》，第 2225 页。
⑤ 魏徵、令狐德棻等：《隋书》卷七〇《李密传》，中华书局 1973 年版，第 1637 页。
⑥ 董诰等：《全唐文》卷一四一《李密墓志铭》，上海古籍出版社 1990 年版，第 631 页。

徵对李密评价甚高，聪明机智，文武兼修，志向远大，纵横之才，在结尾还表达了对李密之死的惋惜之情。

而历史上的文人墨客则对李密的评价与官书完全相反。文人的观念往往能反映整个社会的审美观点，而后又通过文学作品的传播进一步加深了社会大众的认同。柳宗元《兽之穷》："兽之穷，奔大麓。天厚黄德，狙犷服。甲之囊弓，弭矢箙。皇旅靖，敌逾蹙。自亡其徒，匪予戮。屈赟猛，虔栗栗。縻以尺组，啖以秩。黎之阳，土茫茫。富兵戎，盈仓箱。乏者德，莫能享。驱豺兕，授我疆。"①

《兽之穷》仍颂高祖之厚德。曰"天厚黄德"，可使"狙犷服"。全篇皆用比喻，明写豺兕野兽，暗指李密之流。李密乃首鼠两端小人，几易其主，与唐军对垒，因"自亡其徒"，走投无路而降唐归李，"乏者德，莫能享"，理所当然。

韩淲《高祖令李密迎见秦王，李密不敢仰视》："甲马幽州路，英雄不自量。凯歌迎劳处，方识小秦王。"② 写李密投降高祖后，高祖让他前去迎接凯旋的秦王，说明李密不自量力，战败，现在还要忍受屈辱前来迎接秦王，作者意在贬低李密。汪克宽《题李营丘画骊山老姥赐李密火星剑图》：

蒲山锐额千牛客，蒲鞯跨犊行无迹。
挂角青编一束书，梦对重瞳意相得。
昆吾宝剑三尺水，火星炯炯精光起。
花冠仙姥授神奇，拜起仓皇惊更喜。
巩南歃血盟玉盘，万舟锦缆诛疵瘢。
折简唐公结昆弟，威设六月严霜寒。
岂知不学万人敌，雄才空觉乾坤窄。
九卿裂地藏雕弓，稠桑土蚀铜花碧。

① 彭定求等：《全唐诗》卷一七《柳宗元〈兽之穷〉》，中华书局1960年版，第176页。

② 韩淲：《涧泉集》卷五《高祖令李密迎见秦王，李密不敢仰视》，上海古籍出版社1995年版，第184页。

岩峣古树苍玉林，丹崖惨澹霾轻阳。
龙津倏忽风云化，未须感慨荆轲心。①

这首诗欲抑先扬，花冠仙姥认为李密不一般，但没想到李密不学万人敌，没有雄才伟略。

《大唐秦王词话》《隋唐两朝志传》《隋史遗文》《隋唐演义》《说唐全传》等塑造的李密的形象是忘恩负义、骄傲狂妄、不善用人等。后人对李密的贬低和批评较多，无论是诗歌还是后世的小说等文学作品，李密的形象都是被丑化的，如背恩忘义、少仁恩、少德无能、不自量力、没有雄才远略、器度狭小、无用之辈。总之，是一个志性轻狡、刚愎自用、独断专行、狂妄自大的人，形象极差。

为何正史和民间评价差异如此之大？笔者认为在唐朝建立之初的唐史编写者出于维护政局稳定的原因，进而呈现出较为正面的形象。在官史中李密出身名门世家，是隋末割据一方的重要势力，对唐朝的建立有重大的贡献。另外，在唐初的朝廷中，李密的旧部占有很大一部分，有的还担任朝廷重臣。如果史官在这个时候对他们的“旧主”大肆批评，会使这些旧部与朝廷离心，不利于政权的维护。还有，安抚山东地区是唐初的主要政治任务，而李密曾是山东势力的领袖，又出身关陇贵族，可以很好地将关陇集团和山东势力联系在一起，有益于天下的安定。而在民间之后的流传之中，文学家更注重感情色彩的表达，士人阶层弘扬忠义，塑造反面的李密形象更有利于维护这个阶层的价值观。在民间层面，李密在投降唐朝后又叛变被杀，这一负面形象被放大作为茶余饭后的谈论内容和以凸显百姓心中的正面形象，是一种精神寄托。

而正史和民间评价其实是李密形象在历史中的一个演变过程，在唐初正史里的李密形象是原始的李密形象，而民间李密形象是随着时间的流逝、统治者的需要以及社会文化的变迁而变化的李密形象。

---

① 顾嗣立：《元诗选》（二集）卷二四《汪克宽〈题李营丘画骊山老姥赐李密火星剑图〉》，中华书局 1987 年版，第 1293 页。

白庙村保留的李密形象与官方史书记载的较为相符，可见是保留了李密的原始形象。后来民间对李密的评价转为以负面为主，但白庙村却未受民间影响。这一点也体现了白庙村地理环境的闭塞，外界的信息无法大规模传入，本土文化保护程度很好，基本不受外界的文化冲击。

五、李密与同时代窦建德形象的差异

窦建德是与李密同时期的反隋力量，但与纪念李密的白庙相对无闻不同，河北省邯郸市大名县在历史时期曾建有窦建德庙。《窦建德碑》中记载：

> 唯夏氏为国，知义而尚仁，贵忠而爱贤，无暴虐及民，无淫凶于己。故兵所加而胜，令所到而服，与夫世充、铣、密等甚不同矣。行军有律，而身兼勇武；听谏有道，而人无拒拂。斯盖豪杰所以勃兴而定霸一朝，拓疆千里者哉！

群雄并起，而唯有夏王窦建德治理国家，知晓礼仪，崇尚仁爱，看重忠诚，爱惜贤才，对待百姓不残暴，对待自己不放纵，所以兵所到之处无不取胜，号令所到之处无不令人叹服，与王世充、萧铣、李密很不相同。军纪严明，自身勇猛，善于听取他人意见，没有人拂逆他。“自建德亡，距今已久远。山东、河北之人，或尚谈其事，且为之祀，知其名不可灭，而及人者存也。”“圣唐太和三年，魏州书佐殷侔过其庙下，见父老群祭，骏奔有仪，夏王之称，犹绍于昔。”①

即使是窦建德死后，他在百姓中的声望也不可磨灭，父老乡亲还会声势浩大地祭拜他。

李密和窦建德都是隋末农民起义中杰出的领袖，可是民间对窦建德的崇拜

---

① 董诰等：《全唐文》卷七四四《殷侔〈窦建德碑〉》，第 3414 页。

为何盛过李密呢？

其一，从官方史料记载来看，李密与窦建德的事迹相比，确存在一些不符礼法之处。尽管官方史料主要是颂扬李密的正面形象，但是无论是李密残杀翟让，还是在投降唐朝后又叛变被杀，这都是其“光辉”形象的不足之处。然而对比之下，窦建德崇尚仁爱、看重忠诚、爱惜贤才，这不免会使后世在杜撰过程中放大李密的负面形象，而窦建德则是作为正面的榜样形象而存在。

其二，社会底层百姓儒家思想的“忠义观”潜在于评判人物的观念之中。在感情色彩更为明显的文学家和百姓中，窦建德的事迹与品质更加符合他们对于英雄的构建与想象。李密残杀翟让，自矜其才，不善用贤，在投降唐朝后又叛变被杀，这些做法与儒家传统理念中的“忠义观”背道而驰。而在统治者加强底层社会民众儒家观念的同时，李密的形象却被百姓们丑化，作为反面教材流传了下来。

六、重修白庙碑刻中的人名文化研究

在现在的白庙遗址前，有一碑刻，上面记载了重建新白庙的相关情况和筹建捐款的人名。碑文：“白庙即李密大王庙。原残碑载始建于明嘉靖年间，历经顺治、康熙、乾隆、嘉庆、民国等年间。庙宇多次修葺，保存尚好。惜于解放前战乱时焚毁。近年，原白庙庄人一致要求恢复庙院。2000 年，于家村简易重修大殿，但不尽人意。为搞活经济，振兴文化，促进团结，敬仰先贤，2002 年春节时，有善人邀集原白庙庄十八村会商，一致同意重修庙院和恢复庙会。遂于本年农历四月十五日正式恢复庙会并开始捐款修缮。乐施者众榜示于后刊石长存。”根据碑文记载，我们可以得知白庙在当地村民心中占据着重要的地位。新中国成立后，村民要求恢复庙会，重建白庙，说明此时村民的经济水平得到提高，有多余的钱款修缮白庙，以延续祖辈传统，丰富精神生活。

碑刻上的人名也值得我们注意，它们反映出了一些当时村落的发展状况。

"人名承载的是有关人的信息：对当事人本身，人名是区分符号，从中可以窥见作为命名者的长辈对传统价值的认同方式、对下一代未来生活的祈愿取向；对后世而言，既往的人名记录了特定群体文化性质的自我界定；对于文明、时代而言，人名是'文化史的一面镜子'。"①

"美国人类学家克鲁克洪指出，文化'既包括显型式样又包括隐型式样'，他认为，'显型文化寓于文字和事实所构成的规律之中，它经过耳濡目染的真实直接总结出来……隐型文化却是一种二级抽象。'在作为人类文化的组成部分中，人名实际上是显型式样同隐型式样的综合体。人名的文字形式以及人名的结构模式，均属于人名文化的显型式样，而人名的文字形式以及结构背后所反映的信仰、习俗、道德观、价值观、文化心理、美学观念等，均属于隐型文化内涵。显型的文字形态是隐型内涵的外在表现形式，它是受隐型内涵的影响和制约的；与此同时，通过显型文字形态的描写、分析，又可以比较准确地把隐藏在其背后的种种隐型的内涵再现出来，从而揭示出人名文化的内涵。"②

首先，我们发现，碑刻上面的人名男性多于女性，说明当时这个村落中男性的经济地位和家庭地位是超过女性的，可以推测出当时的村庄经济贡献主要依靠的是男性劳力，经济模式主要以种植业为主，还是比较原始的经济模式，也符合当地贫穷落后的现实情况。

除了很普遍的"荣贵""喜来""保贵""保荣""有贵"等表达长辈对后代大富大贵这些美好的期许，还有名字中"锁柱""拴拴""有生""二柱""保成""良柱""拴牛""铁柱""宝柱"等，这些表达了父母希望这个孩子能存活下来，可见当时此地婴儿的存活率不是很高，生下孩子还有存活不了的风险，也可以看出医疗水平还有待提升。"建国""永军""兵芳""兵贵""志军""彦兵""兵廷""喜兵""新国"等名字说明当地村民还是对祖国有很大的期许的，希望自己的后代可以从军当兵，为祖国做贡献。还存在少数"有文""保科"

① 王丁：《人名之为史料》，《中山大学学报（社会科学版）》2020 年第 5 期，第 115—118 页。
② 卢红梅：《华夏文化与汉英翻译》，武汉大学出版社 2006 年版，第 82 页。

"林书""德学""增学""文学"等名字，这是对新生儿有文化、能读书上学的希望。然而这类的名字出现还是不多，说明当时此地对文化追求的意识还不是很到位，从侧面也可以反映出经济基础的落后。

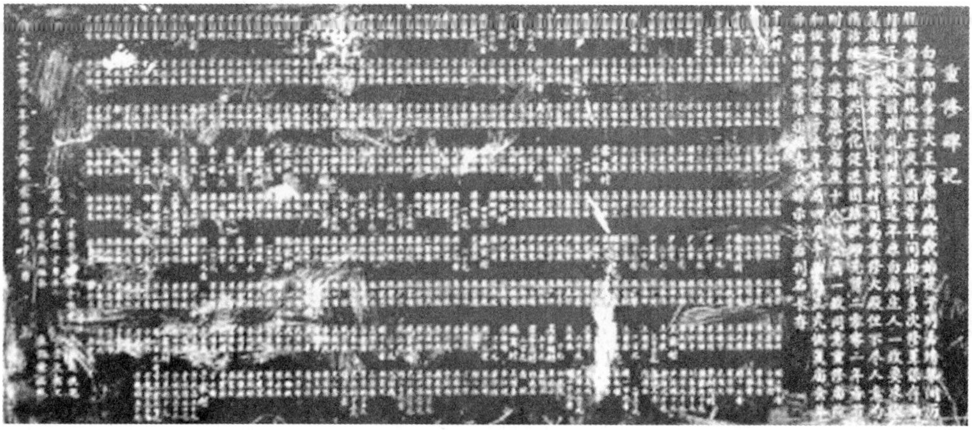

白庙重修碑记

七、于家石头村村民修庙的心理

"千锤万凿出深山，烈火焚烧若等闲。粉骨碎身浑不怕，要留清白在人间。"于谦以石灰作比喻，抒发了自己坚强不屈、洁身自好的高尚品质。经过千万次锤打出深山，熊熊烈火焚烧也视平常事一样。即使粉身碎骨又何所畏惧，只为把一片清白长留人间。于谦托物言志，表现了诗人高洁的理想，语言质朴自然，不事雕琢，感染力很强。尤其是作者那积极进取的人生态度和大无畏的凛然正气更给人以启迪和激励。

士大夫阶层，自古就有"如欲平治天下，当今之世，舍我其谁也""长风破浪会有时，直挂云帆济沧海""会当凌绝顶，一览众山小"的雄伟抱负，"生当作人杰，死亦为鬼雄""愿得此身长报国，何须生入玉门关""扶摇直上气贯长虹，百折不挠扭转乾坤”的豪情壮志，“秦时明月汉时关，万里长征人未还”“君不见沙场征战苦，至今犹忆李将军”“风萧萧兮易水寒，壮士一去兮不复还”的慷慨悲歌。

于谦一生刚直不阿，光明磊落，为官清廉，成为一代廉吏，为官之楷模。于谦的人文精神是中华民族的宝贵遗产，也是于谦后裔的宝贵财富。于氏祖先虽落寞避难，但是其士大夫的雄心壮志、远大抱负依然深深埋藏在他们心底。这是家族的底蕴，文化的传承，精神的寄托。

白庙这一古朴的标志性建筑，见证了于氏家族几百年的兴衰与变迁。从一开始地理位置的选择到安定下来的精神寄托——李密大王庙，无不体现出于氏先祖对后辈的殷切期许。于氏祖先希望后代可以勤奋耕耘，饱读诗书，科举中第，重新光耀于氏家族的门楣，为天地立心，为生民立命，为往圣继绝学，为万世开太平，这也是作为士大夫阶层一脉相承的情怀。白庙村就在这样的文化寄托中世代繁衍，生生不息。

结　　语

小小的建筑白庙，却蕴含着丰富的历史文化和底蕴，也见证了村子的起起落落、兴衰变迁。李密传说、李密形象都与白庙紧密联系在一起，也是这个村子不可分割的一部分，是村子的文化起源，村民的精神寄托。在乡村振兴战略的背景下，随着人们对精神文化要求的提高，石头村的复兴也离不开文化的振兴。而白庙作为村子的起源建筑，将白庙文化与石头村的发展紧密结合。深度挖掘白庙文化，发挥其文化功能和社会功能，适度合理地开发石头村，增强其文化魅力，让人们通过白庙文化洞察于家石头村的起源变迁，更具亲切感和形象感，从而留下深刻的印象。在于家石头村的博物馆中也可以着重强调一下白庙文化，从而让村子更具故事性和传奇色彩，增加历史的厚重感。李密骑牛形象的缺失是现有古迹的不足之处，仍需要完善和加强。另外，如今的白庙香火已经不再旺盛，年久失修，破败不堪。白庙作为起源建筑应该受到应有的重视，被保护起来，这无论是对乡村建设还是文化建设都有很大助益。

（指导教师：顾乃武）

水利篇

以水利建设促进村落可持续发展

——于家石头村调研报告

张琼玉

导　　言

（一）研究背景

农村水利建设既能为农业经济的发展提供保障，也能为提高广大农民的生活质量做出贡献，还是改善城乡生态环境的重要基础。因此，加大农村水利工程建设步伐是实现农村发展的题中之义。新中国成立至今，我国历届政府都十分关注农村水利建设事业的发展，但农村水利建设供给不足仍是制约农村经济可持续发展的重要问题。有些地区甚至还保持着“传统牛耕，靠天吃饭”的生产方式。

“十三五”时期，贫困县农民人均可支配收入年均增速明显高于全国平均水平，贫困人口全部实现了“两不愁三保障”。农民收入的稳定增长，促进了农村经济的发展，对于我国宏观经济的快速发展起到了重要作用。但是，水利建设持续性的资金投入、农村经济的稳步性增长似乎并没有显著提升农民家庭务农的经营性收入，对于缩小城乡居民收入差距的贡献并没有得到实质性的体现，虽然农村贫困地区的生活条件、生存状况均有所改善，但减少农村地区贫困局面的任务仍然十分艰巨。① 这也使我们更希望从水利建设方面打开新局面，促进村民生活的切实改善。

在对于家石头村进行调研之前，本人通过阅读《井陉县志》《井陉县水利志》初步了解到井陉县（包括于家石头村）的水资源状况和大型水利工程建设、历年水利政策、历年旱涝灾害等具体情况，认识到于家石头村是一个怕旱不怕涝，且长年处于干旱状况的村落。这样一来，研究其村中水利工程和水资源分配现状，考虑如何减轻干旱对农民生产生活的影响、考虑如何改善干旱田地的现状是十分必要的。

（二）研究目的

以对水利设施的研究调查为主要方向，本人与小组成员于 2021 年 7 月 3 日至 4 日实地调研了井陉县于家石头村，以访谈和实地调查为两大主要方式，上山寻找到了村里修建的水池；采访了六位村民，询问了关于该村村民历来如何吃水以及村中水窖、水井、水渠修建时间和使用方法等问题。了解到该村吃水、用水的一些基本状况和该村独特的水文化，并针对这些现状提出想法，进行思考，查阅《井陉县志》和《井陉县水利志》等资料，写成此调研报告。此次调研的目的不仅是对该村水利建设的历史做出梳理，还要从中总结经验，提出改进方法，更好地促进农村水利建设在支持农业经济增长、农民增收、农村减贫工作中的运行效果，推动乡村脱贫振兴。这是本次调研报告写作的努力方向。

（三）研究方法

“水利是指使水有利于人类的事业，水利设施是采取各种措施对自然界的水进行开发、利用、治理、配置、节约、保护和管理，以减除洪、旱灾害，并利用水资源适应人类生产、满足生产需要的设施。”② 关于农村水利，从规模来

① 罗小曼：《农村水利建设减贫效应与政策优化研究》，重庆交通大学 2019 年硕士学位论文。
② 王朝新：《中国农村水利基础设施建设与制度创新研究》，武汉大学 2011 年博士学位论文。

看主要包括两个层次：一是超过村庄范围，从大江大河调水且投资巨大的大中型水利设施；二是在村庄范围内，投资不大的水利设施，例如沟渠、堰、机井等。

在针对于家石头村水利建设的调研中，我们以小组为单位，采用访谈调查法和实地考察法来了解小水利设施的具体情况，对村中的沟渠、堰、机井、水池进行了实地查看，并搜寻记录自己需要的有用信息。其中还用到口述史的调查方法，通过录音记录被访者话语，同时记录其姓名、性别、出生年、籍贯等，并最后将其整理成文字。

（四）研究意义

水利是现代农业建设不可或缺的首要条件，是经济社会发展不可替代的基础支撑，是生态环境改善不可分割的保障系统，具有很强的公益性、基础性、战略性。加快水利改革发展，不仅事关农业农村发展，还事关经济社会发展全局；不仅关系到防洪安全、供水安全、粮食安全，更关系到经济安全、生态安全、国家安全。① 农村水利的发展是农业发展的前提，是农村最基本的基础设施，在农业生产和国民经济发展中占有十分重要的地位。农村水利工作的好坏直接关系到农业的增产、农民的增收、农村经济的发展和社会的稳定。

一、于家石头村水利建设的历史沿革

井陉全境皆山，沟壑纵横，土地贫瘠，水资源少。全境地形起伏不平，中部低洼，周边环山，为盆地地形；地势自西南向东北倾斜，最高峰海拔 1273.3 米，最低处海拔 150 米，高差超过 1000 米。

《井陉县水利志》载："大部山体基岩裸露，植被稀疏，雨过地皮干；自古甘、绵二河汇流于冶河，横切山脉，低流峡谷，山高水低，临水受旱，遇洪成

① 王朝新：《中国农村水利基础设施建设与制度创新研究》，武汉大学 2011 年博士学位论文。

灾；地下水潜埋深层，分布不均，占全境44%的山村长期饮雨食雪；河道坡降大，形成水能资源，但水量不稳，同饮水、灌溉常发生供求矛盾；历代邑民进山垦荒而成的36.9万亩耕地，散挂荒坡，长期望天收禾。”① 当地人民建造房屋也是依山就势，散居山腰、坡脚、沟谷，生存环境十分艰涩。

于家石头村整体自然环境与井陉县自然环境相同，地质古老而复杂，地形凹凸而倾斜，河水低流而水量不稳，地下水深埋而开采困难，降水不均而水旱灾害交替。地表形态为小盆地，四面环山，中间陷落，房屋依山而建。境内为暖温带半湿润大陆性季风气候，降水量年际、季节分配不均，主要集中在夏季。因地处川谷和背风坡，降水量略小于迎风坡。村落内无河流穿过，水资源供需矛盾较为突出。

为了生存，石头村人创造了独特的石头村水文化。今天还留存着的千眼古石井、石窖和记载用水公约的石碑就是最好的证明。于家村点点如星的蓄水井、蓄水窖、蓄水池，还有场边、院内、河沟、路旁、山上、山下、田间、地头到处都有的井窖池，这些蓄水设施全用石块砌成，坚固耐用，雨水流入池中，储存起来为平时的生活用水。石块中含有丰富的有益矿物质，井窑池内存

山中眺望于家石头村

① 《井陉县水利志》编纂委员会编：《井陉县水利志》，新华出版社2008年版，第1页。

入饮水，几个月后即可矿化，不是矿泉胜似矿泉。此外由于雨水十分珍贵，每家的房顶都是向院内倾斜的，从而将雨水收集到自家井内。现如今有了深水井，家家用上了自来水，这些古井便成了文物和历史的记载物。

（一）1486 年至清末

在清成化年间（约 1486 年）建村，始祖于有道带领先民们在榛莽丛生、狼虫出没的山中垦荒造田、修窑盖房、挖池打井，过起了与木石居、与鹿豕游的淳朴生活。于家村是北方典型的旱庄，村民靠天吃饭，祈雨习俗盛极一时。在与大自然的斗争中村民们掌握了这里的气候特征，为了解决干旱缺水的困难，各家各户在家门口挖水窖存水，在场边、院内打井。于氏五股在南山腰各挖蓄水池一个，按从大到小的顺序各为正月池、二月池、三月池、四月池、五月池。至今池的遗址犹存，有的池翻修后还能蓄水使用。

从《于氏宗谱》中了解到，先人们为了节约用水、公平用水，在于有道第四世孙于强、于怀的主持下，大家共同拟定《柳池禁约》，在挖池出工、照顾对象、用水或冰的数量、偷水徇私的处罚等方面都有明确的规定。这对解决旱庄人畜用水起到了很大作用。

村里用来收集雨水的水窖

在族人定居下来后，随着人口的不断增加，先人们不断垦荒修地，垒堵筑坝，扩大种粮面积，土地已达 600 余亩，粮食实现自给有余。

先人当时就有了对生态林的种植和保护意识，《于氏宗谱》规定，对宅围和村围栽植的果树和木材树，对村对面南山的原始灌木林，明确禁止砍伐，定为永久性保护林。①

总体而言，这一时期由于社会生产力水平较低，水利工程和水利建设尚处于早期发展阶段。在吃水用水和种田上依然以自然降雨为主，但也有一定的人为努力。石头村先民们挖井挖窖，修建蓄水池，体现了早期简单的水利建设。家族里的大家长主要依靠公规公约进行水资源的管理，体现了早期的水利管理。另外，当时人们获取水资源，进行水利工程建设的目的主要是为了满足生存需要，没有对大自然的过度索取，还会有设立永久性保护林这样的睿智想法，体现了人与自然共生的石头村理念。

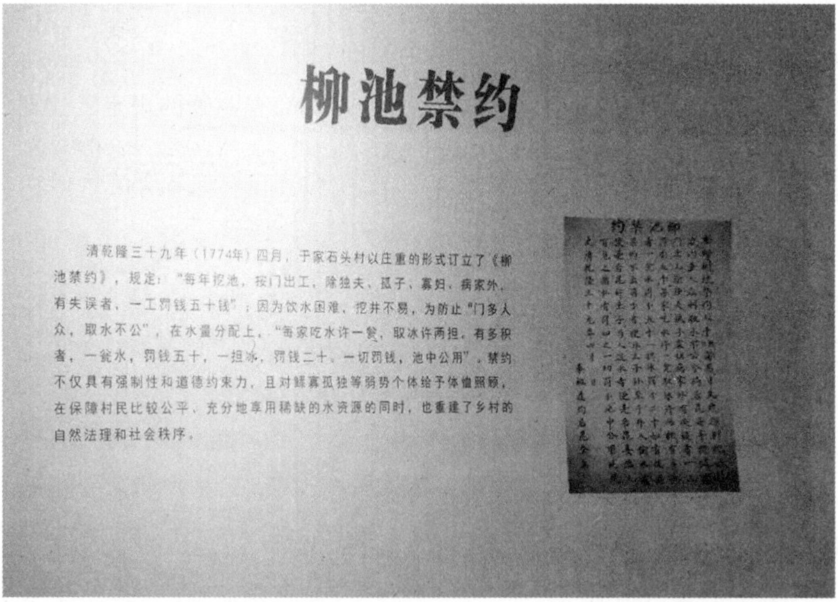

《柳池禁约》

---

① 于秀书：《于氏宗谱》，2012 年，第 19 页。

（二）民国时期

当时建的井均为旱井，靠天存水，与水窖作用类似。因当地西北高、东南低，每次下雨后地表雨水很快流走，难以留存，水窖储水有限。为了尽可能地留住雨水，村民们发动奇思妙想，在村中排水的大水沟内开挖水井，用来储存下雨时大河沟里的水。据村里老人说，村中排水河里有 103 口井，都是村民自发开挖，自己所有。

村中的排水沟

在走访时发现，村中的几个戏台前面都不约而同地有一口水井，在调查访谈后得知，这是村民们利用水井可以扩音的原理，在早先没有扩音器的年代里，为了放大戏台上演员的声音，会挖一口水井来扩音。

总体而言，这一时期石头村的水利建设处于停滞阶段。在动荡的环境下，水利政策和管理措施难以有效推行，投入使用的水利工程少，农业发展缓慢。在水资源缺乏的情况下，村民们的生存环境仍十分艰难。

村里曾使用的手摇式水井

戏台前关于水井的介绍

戏台前有扩音作用的水井

（三）新中国成立后

1. 1949—1977 年

这一时期村内水利设施得到快速发展。新中国成立后，我国社会主义建设事业百废待兴，社会生产发展起点较低，国民经济尚处于贫困阶段。主要水利问题是水患严重，农业发展的水利支撑保障空白。在“水利是农业的命脉”这一论断指引下，井陉县（包括于家石头村）进行了轰轰烈烈的水利建设。

根据《井陉县水利志》记载，新中国成立后农民们获得了生产自主权，除了获取生活用水外也更加注重农业生产用水。但由于生产力限制，在县域内不少地区还处于“担水抗旱”的情况下，村民们往往走十几里山路到有水源的地方取水。用水的迫切需要推动了水利工程的大规模建设。

以防洪和灌溉为代表的社会经济服务需求是水利工程建设的主要需求，除水害、兴水利成为这个时期经济建设的重要事项之一。

除了村民自发地挖旱井、建蓄水池外，距离于家石头村较近的一条大渠——绵右渠，也是这一时期的水利建设成果。绵右渠在地都村筑坝，取绵河水自流灌溉。工程始建于1958年，由6条干渠、23条支渠、3488条斗农渠组成，总长1868千米，1959年1月绵右渠一期工程竣工。它担负着井陉县、井陉矿区和鹿泉市20个乡镇、193个村的22.5万亩农田灌溉任务。据村里老人回忆，当时村里很多人都参与了该条水渠的建设。①

当然这一时期的水利建设也存在一定的问题，比如说水利工程注重建设而忽略管理、一味追求规模而忽略质量、部分水利工程选址不合理、没有注重生态保护而对环境造成破坏等。这些不仅是于家石头村存在的问题，也是当时井陉县水利建设存在的问题。这反映了我国当时更注重发展农业生产，增加经济收入，但忽略了水利设施和农村农业的可持续发展。

村民家中的水窖

2. 1978—1998年

这一时期是水利建设的稳定发展时期。

20世纪70年代，村民在山上挖掘五里石涵洞，从此引水库水盘山浇地。但一直没有发生改变的是村内每家每户房屋外侧仍然有一个水窖，用来收集地表水（多为雨水）。水窖大小适中，储存满的话够一家人十来天的用水。

① 笔者在河北省井陉县于家石头村采访于元怀的记录，2021年7月3日。于元怀，男，1941年生，于家石头村村民，曾参与过绵右渠等水利工程的建设。

水利状况有所改变是从改革开放后国家出钱修建机井开始的。20 世纪末，村里开始大规模打井，到 21 世纪初全村基本普及了深井水。由村委会组织修建机井，并将机井里的水统一输送到村民家中，这样每家每户都用上了深井自来水，正式告别了靠天吃水的生活。不过如今村里还有少数人家仍在院中挖水窖，来储存村里输送的自来水。据村民马春捧介绍，她家的水窖有数十年的使用历史，水窖由储存地表水到储存地下水。①

据于来昌老人讲，他们现在所用的机井共有 7 个，有 400 米深，水量相对较大。② 通过采访于元怀老人得知，不少村民觉得水费相对较高，除了满足日常生活用水外，很少将机井里的水用于生产活动，如浇灌庄稼等。③ 因而该村仍处于“靠天吃饭”的状况中，再加上青壮年劳动力外出打工，种田事宜于是逐渐搁置。

距离于家石头村最近的大渠还有一条西跃渠，由当地水利局管理，是为治水抗旱而修建的。在西跃渠的建设中，石头村的村民组成于家施工团，为了自己村能够通水，积极投入到水渠建设中去，体现了劳动人民吃苦耐劳的伟大精神。之后又修建了绵左渠。

但令人遗憾的是，石头村距离这两条水渠比较远，还有地势偏高的限制，因而石头村并不太能使用得上这些水利建设成果。目前仅有绵左渠的一条支渠盘山而下，在水库放水时可以利用该渠浇地。总体来说，水渠对当地用水需求的贡献较小。

---

① 笔者在河北省井陉县于家石头村采访马春捧的记录，2021 年 7 月 3 日。马春捧，女，1955 年生，于家石头村村民。

② 笔者在河北省井陉县于家石头村采访于来昌的记录，2021 年 7 月 3 日。于来昌，男，1942 年生，于家石头村村民。

③ 笔者在河北省井陉县于家石头村采访于元怀的记录，2021 年 7 月 3 日。于元怀，男，1941 年生，于家石头村村民，曾参与过绵右渠等水利工程的建设。

盘山而下的绵左渠支渠

据《井陉县水利志》载："西跃渠，为张家湾水库的配套工程，于 1977 年 7 月 1 日开工，在国民经济调整中列为停建工程，于 1980 年 6 月 1 日停工。西跃渠布置于境内 445 米高程的高岗山地中，是境内海拔最高的盘山干渠。西跃渠施工极其艰险，穿险峰，跨深谷，人民群众发挥出无穷的智慧。"书中还提到，于家石头村人组成于家施工团，参与了西跃渠最长的支沙岭隧洞的施工任务。这条隧洞全长 2363 米，人们称之为"五里洞"。其隧洞出口就是于家公社地界，干部和群众都明白，打通这条隧洞就能将渠水引过来灌溉自己的土地，因此施工积极性很高。书中记载："于家团于 1977 年 7 月 1 日接受隧洞施工任务，从 7 月 7 日就开始了隧洞掘进施工，为全线专业队攻克重点工程起到早上人、早开工的榜样作用。这个团某连，在 1975 年冬修建引甘济绵渠施工中，曾承担一条 70 米长的隧洞施工任务，由于既没有隧洞掘进经验，又没有施工机械，在初始的 1 个多月里，40 多个人连剥山皮，仅掘进隧洞 1 米多深，现在要打这么长的隧洞，他们十分清楚，单凭一股子热情是难于按指挥部的时间要求打通隧洞的。于是他们先后到台头和威州两个施工团请教隧洞掘进经验，还请测量'五里洞'的杨彦伍为他们想办法出主意。最终完成任务。"①

① 《井陉县水利志》编纂委员会编：《井陉县水利志》，新华出版社 2008 年版，第 108—110 页。

做了防渗处理的支渠

不难看出，这一时期大规模的水利建设除了满足人民日常用水的需要外，更多地是为了促进农业的增产增收。这一时期机井、水渠以及井陉县内其他地区水坝水库的建设体现了我国水利建设取得了很大的成就。

同时，由于社会经济的快速发展，城镇化进程的加快，生活污水大量排放而未得到有效治理，造成了生态环境的破坏，这是这一时期的一大问题。据村民回忆，“当时为了种田种庄稼，山上的树都被砍伐了”①。

① 笔者在河北省井陉县于家石头村采访于元怀的记录，2021 年 7 月 3 日。于元怀，男，1941 年生，于家石头村村民，曾参与过绵右渠等水利工程的建设。

3. 1999 年至今

这一时期是水利改革发展转型阶段。

随着人口不断增加和兴办旅游业的需要，各户开始自找地方打井。有的在村边，有的在路旁，有的在地头，有的在山上，有的在院内，有的盖井房，年复一年，越来越多，全村上下，家家有井，户户有窖，面面有池，犹如繁星，形成了一个罕见的井窖池网络。通过采访于元怀老人得知，村民曾尝试自己打机井，但由于规模比较小，再加上地下水埋藏较深，往往百米水井才能打出水而且水量较小，因而个人打井往往不如人意。

2021 年 7 月 4 日上午，我们一行人到石头村旁边的山坡上实地调查了村中的水池，发现了村中的“二月池”。通过采访于雨清老人得知，该池为重修的二月池，大约有二十年了，目的是将机井的水抽出后储存到这里，在水池上面再修建水塔，之后向村中统一供水，但由于一些原因未能修建完成。在二月池的上方还有“五月池”，五月池中建有台阶便于民众自己提水，但没有二月池深。因为未能走到五月池，故未拍摄其照片。当然，在村落周围的其他山坡上还有不少水池，这些水池组合在一起就形成了一个水池网络，这体现了当地水利管理的进步。

山上的二月池

村民的种田欲望和农田使用率的降低也促使井陉县政府思考新的发展对策。为了土地的充分利用，更为了保护生态环境，井陉县政府出台了一系列水土保持的政策。于家石头村也在政策范围内。

“于家小流域”石碑

通过采访于家石头村村民得知，他们并不太了解有关水土保持重点建设工程的相关举措。

于家石头村地处该县上游流域，为井陉县六条治理水土流失的小流域之一，并通过栽植水保林、经济林，修梯田、护地堤，建蓄水池、扬水站等举措来改善流域地表径流状况。在探访时我们发现村里山坡上的地大多为梯田，这应该是相关建设的成果。另外，针对当地庄稼种植减少和农田搁置问题，可以考虑用果树或经济树木种植来代替，这不但有利于水土保持，也能获得一定的收益。

山上环境

从这一时期政府的水利政策可以看出，随着生产力的发展、机井的修建，吃水已经不再是问题。在对水资源多年的攫取下，水资源和生态环境都面临着很大的挑战，这也倒逼人们更加科学化、合理化地修建和管理水利设施，提高水资源使用率。节水的宣传体现了村民既要开源更应节流的思考，水利设施建设的目的也从发展农业过渡到了生态保护。于家石头村的水利建设服从于小流域水土保持工程就是很好的例证。目前石头村以“蓄一河清泉水，建一条经济带，成一道风景线”为目标，积极打造生态清洁型、生态经济型、生态景观型和生态安全型“四型”小流域。

于家石头村自建村以来形成了既符合历史发展规律又带有自身特色的水利发展史。从依附自然、顺应自然的原始水利阶段到以工程技术手段改造自然的古代水利阶段，再到以工程技术手段征服自然的当代水利阶段，最后是如今人与自然和谐相处的现代水利阶段。于家石头村也在不断探索中积累了经验，取得了进步。为了弥补过去对水资源的过度开发和浪费，以及水利工程建设对生态环境的破坏，进入 21 世纪后，在国家政策的引导下，当地水利进入了发展的转变时期。以“人与自然和谐共生”的理念为核心，实施科学技术措施，主动调整人与水环境的关系，建设节水型社会，提高水资源利用效率；注重水土保持工作，进行“小流域”保水保土工程，利用现代科学技术，使水利成为利用自然、修复自然、维护自然的基本支撑。

二、现实情况及问题分析

（一）现实情况

现在村中有大型机井 7 座、井窖 800 余口、水池 18 座。

1. 吃水、用水、排水情况

自建村到上世纪末，吃水用水都主要靠天降大雨后雨水的留存，之后大型水渠工程支渠修建到石头村，也对当地吃水用水略有助益。到 21 世纪初修建机井，实现了吃水自由，村民们吃上了深井自来水。但由于水费较贵，机井的水几乎不会被用来浇地，因而近百年以来，庄稼种植可以说一直处于“靠天收”的状况中。据采访得知，水库放水或水渠有水时大家会浇地解旱，但田地仍然长年处于干旱状态，收成并不好，尤其遇到灾年，种地甚至没有收成。

村中排水沟分布密集，再加上地势原因，地表水甚至暴雨时产生的洪水都可以很快排出，很少有积水成涝的情况。但也正因如此，暴雨时快速的洪水冲刷，很容易对街道、房屋、农田造成破坏。

2. 庄稼种植情况

受地形所限，村里田地大多在半山坡上，没有河流流经，仅有一条盘山渠，也不经常有水，因而庄稼在灌溉期难以得到充足的水源，在一定程度上影响了庄稼的长势和收成。近些年来由于很多青壮年劳动力外出务工、上山耕种困难，以及常年干旱影响收成等原因，农民的种田积极性降低，田地大多搁置。但在于家小流域建设政策下，部分山坡划入退耕还林的范围，其余农田逐步开展“梯田化”建设，以减少水土流失、保护生态，这也为石头村的农田改革提供了契机。

村中的排水渠道

（二）问题分析

良好的水利基础设施是有效实现乡村振兴战略的重要措施，只有打破水利基础设施规模的瓶颈，充分发挥农村水利设施对经济发展的推动作用，才能助力乡村脱贫致富。对于于家石头村来说，如何利用现有的水利设施以及当地底蕴深厚的水文化推动农业、旅游业的兴盛是其发展的题中之义。

下面主要介绍在调研过程中发现的关于于家石头村水利相关的一系列问题。

1. 水利基础设施质量不高，利用率低

在有了机井统一供水后，村中的水窖、旱井几乎不再使用。因为水库难得放一次水，村里的水渠很少使用，也存在部分节段损坏、垃圾堆砌的情况。山上几个大的蓄水池也没有完全发挥效用——用蓄水池储存雨水浇地不太常见。如我们之前探访的二月池就存在设施搁置不使用的情况。这其中主要的原因是水池使用难度大，取水不便，而村里的机井仅能满足人们的日常生活用水，且水价偏贵，农业用水合理水价机制尚未形成，没有完全发挥其作用。

整体来看，大多耕地灌溉设施老旧失修，抗旱率不高，旱季供水能力缺乏，严重限制了农业基础水利设施的运行与发挥。总之，在村内的“小水利”中，部分水利设施荒废，且未能形成一个有机的输水网络，没有达到预想的效果。

2. 水利专业技术力量薄弱

石头村内没有专门负责水利的人，配备专业化人员对于一个常年缺水、水资源管理不到位的村落是很有必要的。再放眼于家乡，基层水务站技术人员专业水平落后，在当前的人事制度下，科班出身的水利专业人才又很难进来。因而于家村的水利专业技术力量非常薄弱。

3. 水利相关经费筹集困难

从大环境来看，国家近几年不断减轻农民负担，取消了农业税，可大部分地区的农民却把工程水费视为增加农民负担的收费项目，希望予以取消。在国家进一步降低工程水费的收取标准后，水利工程收费减少，政府支出的水利项

目补贴也相应减少，再加上农村水利设施审批严格，部分农村没能跟得上调整的步伐，很多水利项目未做好前期规划，也就难以得到有效的资金支持。因而从当前各级财政状况来看，水利工程的维修、养护经费支出困难，农村水利建设资金较为短缺。

4. 水利设施管理不科学不完善

石头村水利管理机制存在不合理的地方，主要体现在以下几个方面：一是建于 20 世纪的水利工程经过多年使用有所老化或损坏，但没有得到及时的维护和修整，甚至连定期检查也没有。二是在国家土地二次流转的政策推动下，农民的个体意识增强，集体中的部分村民只知用水不知管水，村委会在统一管理时方法又偏于粗放，整体管理效果较差。① 三是在农田水利方面，因不同农户有不同的种植需求，各种农作物的生长期不一致，从而需水时间不统一，造成农村水利工程难以供水，部分农田无法耕种，进而导致农民垦荒造田（在容易得到水源的地方种田）。由于石头村本身大部分田地都在山坡上，农民这样做容易产生因不合理垦荒而导致的水土流失情况，这也会为村民带来安全隐患。四是村委会乃至乡政府对水资源的精细化管理理念和创新理念缺乏足够的重视，进而对“小水利”的建设质量、管理效果等产生了不利影响，制约着农村水利工程科学建设水平的提升。五是相关部门的重视程度不够、人员配置不到位、技术更新速度慢等问题。这对农村水利建设项目现代化、智能化发展产生了严重的制约作用。因而到目前为止，石头村“年年抗旱总见旱，岁岁防洪不见洪”的问题仍然没有解决，尤其是庄稼仍处于长年缺水的状态中。

5. 水利设施以及当地水文化的开发不足

石头村作为一个具有数百年历史的文化古村落，其深厚的历史底蕴值得我们去探讨。这种历史底蕴不仅体现在它的石头文化、建筑文化、神庙文化、家族文化中，还体现在它的水文化中。历经岁月洗礼的一口口古井、一座座人民

---

① 罗小曼：《农村水利建设减贫效应与政策优化研究》，重庆交通大学 2019 年硕士学位论文。

劳动结晶的大水池、从《柳池禁约》开始传承至今的节水文化，还有很多水利设施修建背后的故事都值得我们去整理，同时我们思考如何与当地的农业和旅游业相结合，从而更好地推动石头村脱贫致富以及可持续发展。

三、历史规律分析

（一）遵循市场规律是开展水利建设的基本原则

在计划经济时代，投资来源主要是国家拨款，投资渠道单一，政府拨款有限，导致水利建设资金长期短缺。由于资金不足，工程设施的建设与管理粗放经营，工程长期不能充分发挥设计效益，投入多而收入少，工程老化失修，使用效果不理想。同时在集体经济下，村民权益与责任不够明确也不利于村中水利事业的建设。

在市场经济条件下，将水资源、水利工程与每个人联系起来，可以增强村民的责任感和凝聚力。对于家石头村来说，用市场经济思路解决村中当下存在的水权、水价及水井水池的建设维护问题，提高用水效率，这有助于建设节水型村落环境。

（二）良好的领导体制在水利建设中能够发挥重要作用

明清时期，村中的水利建设在有效领导下取得了很好的成果。当时在于有道第四世孙于强、于怀的主持下，大家共同拟定《柳池禁约》，制定了取水用水规则，在挖池出工、照顾对象、用水或冰的数量、偷水徇私的处罚等方面都做了明确的规定。这对解决旱庄人畜用水发挥了很好的作用。

民国时期，社会动荡，战乱频仍，国民政府对基层部门缺乏有效的监管和统一的领导，旱灾和缺水一直是这里的大问题。

新中国成立后，在中国共产党的领导下，新中国的水利建设取得了很多可喜的成果。区域性的大型水库、水坝以及小范围的农村水利工程都在统一的领导下有序展开。在近些年的改革中，全国不少地方创新思维，采取“县领导包乡，乡领导包村，村干部包户到人”一包到底的工作机制，或者成立村水利事务委员会，坚持全面规划，统筹兼顾，层层落实责任制，实现了水利事业的专项领导。由此也可看出，有效合理的领导体制在水利建设中能够发挥关键的作用。

（三）生态环境保护是水利建设的根本遵循

良好的自然环境是人类获取充足的水资源、进行水利建设的前提。以于家石头村为例，早在建村时就有与自然和谐共生、不过度攫取水资源、不过度砍伐、保护山林的生态意识。在如今人与水资源关系紧张、生态环境整体有所恶化的情况下，关注生态环境更是水利建设的基本原则。

过去几十年，全国不少地方为了解决水资源短缺和旱灾问题建设了许多不同类型的水利工程，其中不乏不合理的水利建设，进而影响生态系统，造成水土流失等，这反而使水利工程的建设得不偿失。过去的经验教训告诉我们，水利建设要主动更新理念，吸收合理的意见和建议。只有符合生态环境保护要求的水利建设才能优化当地的水环境，形成良性循环。

四、具体解决措施

（一）坚持科学管理、可持续化管理

一是于家乡政府发挥引导职能，提供必要的引导与扶持。可以组织水利、林业、环保等部门认真编制地方用水年度计划，摸清年内实际用水量，做到计划用水；做好与各村的对接工作；在农村基层做好政策宣传工作，让农民了解相关的扶持政策、奖励制度和补助优惠等；对农田责任人或水利工程用户进行

专题培训，使村民明确其权利与义务。

二是加强对农村水利事业的重视程度，安排专职人员管理，明确农村水利工作管理的流程和内容，有效调度。

三是技术人员明确区域内来水量和用水量，确定各水利工程的蓄水量和用水量，以及用水时段和蓄水时段，确保把水用在关键点。①

四是与周边村子合作，组织该区域内农村水利工程，实现统一调度，合理使用水资源。

五是统计整合现今村里的水利工程数量，并对其使用价值进行评估。对于未完成的小水利工程（如山上的水池）要进一步合理推进。

六是关于村民吃水的水价问题。针对部分村民反映水价贵这一问题，需要村委会与相关部门进行协商，可以推行阶梯水价，实施用水精准计量；制定和完善农业用水价格核定管理办法、农业用水精准补贴和节水奖励相关办法细则等，进而促进村民合理用水、节约用水；切实落实“一户一策”的政策，对于村中生活确实贫穷的孤寡老人可以适当进行补贴，以减轻老人的生活负担。

（二）提高水资源利用的技术水平

由于于家石头村地处干旱地带，长年无水浇地，将可获得的水资源合理利用就十分必要了。其基本思路是实现节约用水，采取现代先进的灌溉方式和灌溉技术，坚持从环境生态用水出发，让有限的水资源满足生活、生态、生产的三重需要，最终获得最大效益。比如使用喷灌技术，它具有管理便捷、投资成本低、水压要求低的优势，技术人员可以通过加强对农村居民的专业培训、交流工作，鼓励农民积极开展这种灌溉技术，以节水灌溉技术提升灌溉效率；再比如推进水肥一体化种植，在保证品质的前提下可以有效控制用水成本。同时提高应用的信息化水平，浇水量、浇水时间都可以采用电子监测，用电脑来控制。当然，这一改变需要当地政府提供必要的支持和引导。

① 罗彩莲、杨艳妮：《新时期农村水利工程建设管理问题与对策研究》，《绿色科技》2020 年第 20 期，第 264—265 页。

需要注意的是于家石头村特殊的地理环境和地理位置。由于大多数农田都属于坡地种植，这就对实际的输水网络提出了要求。另外，不少农户在自家房屋边上开辟一块地，种植一些时令蔬菜，这样也可以推行喷灌滴灌技术，将精准化用水落实到每一家。

最后，还需要从农民的角度出发，根据具体情况进行宣传，促使每个农民都能正确认识到发展水利工程的重要性，并积极主动地参与到农村水利工程的监督管理中，同时提升农民的节水意识，熟练运用各项节水灌溉技术，提升灌溉效率与质量。

（三）注重水利建设与社会经济相结合

习近平总书记曾提出“节水优先、空间均衡、系统治理、两手发力”的治水工作思路，指出要注重农村小型水利工程建设与社会经济的融合，推动新农村生态保护和经济建设稳定持续发展，充分发挥水利工程的作用。比如可以考虑在农村地区的小流域综合治理工作中创新采用“一河清泉水、一道风景线、一条经济带”的水利工程建设治理模式，将当地水资源合理利用起来，打造秀美的观光风景区，为当地经济发展做贡献。具体到于家石头村，因为该村已经有了“中国历史文化名村”的旅游基础，所以在打造秀美的观光风景区的同时还可以与“历史文化名村”这一人文特质结合起来，打造体现“好山好水好风光”的山林观赏区、梯田观赏区、水利设施博物馆等。

具体而言，村子里的古井、古窖需要进行修缮，改变其随意搁置的状况。每家每户可以在自家古井旁边挂上或摆上写有关于自家古井修建的故事，或者是数百年来与古井有关的事情，当地的节水习俗、小的用水习惯等。我相信每家有每家的故事，只要追溯找寻一定会有所收获。

（四）关注水土保持，发挥水利建设的生态效益

农村水利建设是保护和改善农村生态环境、促进人与自然和谐相处、保障经济社会可持续发展的坚实基础。但由于井陉县特殊的自然地理条件和社会经

济条件，水土流失成为于家石头村的一大环境问题。对于于家石头村来讲，治理水土流失有益于改善当地的水土保持状况，进而促进生态系统的改善和可持续发展。

于家石头村的地理位置和生态环境决定其容易出现“大旱转急涝”“暴雨突成灾”的情况，因而针对当地实际情况进行水土保持是十分重要的。

结合“于家小流域”的理念，即“希望通过栽植水保林、经济林，修梯田、护地堤，建蓄水池、扬水站等一系列举措来改善流域地表径流状况”，将保水保土相结合，具体可有如下的措施：

1. 农业措施

农业措施是指采用改变小地形增加植被覆盖度、地面覆盖和土壤抗蚀力等方法，达到保水、保土、保肥、改良土壤、提高产量等目的。可以通过沟垄耕作、坑田、留茬，以及用秸秆、地膜或砂卵石铺盖田面等措施减少土壤水分蒸发，增加降水渗入来保土保水。

2. 林草措施

在小流域中，建设乔、灌、草相结合的生态经济型防护林体系是实现流域可持续治理与开发的根本措施。建设经济生态型防护林体系，不仅可以发挥林木的生态屏障功能，还可以提供林产品，产生经济效益。该体系主要包括分水岭防护林、护坡林、护埂林、侵蚀沟道防护林、护岸护滩林、山地果园及经济林等。① 下一步可以分区域分地形栽种不同林种，进而形成一个多林种、多树种、高效益的防护林体系。

由于石头村已经具备了一定的旅游业基础，所以对于树木品种的选择，既可以考虑生态效益，也可以考虑观赏效果。在符合树木种植环境要求的前提下，可以选择桃树、杏树等果树进行种植，也可以种植枫树等树木。

---

① 王礼先：《小流域综合治理的概念与原则》，《中国水土保持》2006 年第 2 期，第 16—17 页。

3. 工程措施

通过查阅相关材料得知，目前在黄土高原小流域治理中采取的水土保持工程措施主要有山坡防护工程、沟道治理工程、山洪排导工程和小型蓄水用水工程。山坡防护工程现可以应用于于家石头村的梯田、拦水沟埂、水平沟、水平阶、鱼鳞坑、截流沟等。它们的主要作用是改变小区域内的地形，截留更多的地表水到土地里，同时还可以将未截留到或者多余的地表水引入蓄水池里。石头村的梯田建设已经有了初步成果，在进一步推进梯田建设的同时还可以在修整梯田的时候使梯田更具有整体性，改变目前梯田分散化、碎片化的现状。

沟道治理工程对于小流域治理也是很必要的。现在石头村四周的山坡上缺少有体系的沟渠，仅有一条绵左渠支渠盘山而下，可以浇灌的田地面积有限。再加上之后若是开展大范围林地种植，对于水资源缺乏的石头村更是一个不小的挑战。良好的沟渠体系不仅可以合理分配水资源，减少不必要的水资源流失，还可以有效排水泄洪，防止山洪、泥石流的危害。

结　　语

对于这次于家石头村的调研，我们走近它，了解它，为它以后的发展出谋划策，希望留住绿水青山，也能创造金山银山，从而为古村落的发展尽一份历史学子的责任。

首先，通过对于家石头村水利史的考察调研和思考总结，我认识到今天的水利和历史时期的水利一样，所面对的都是自然和人类活动共同作用下的水问题。今天的水利是历史水利的继续，也是未来水利的基础。历史上有许多成功的经验和失败的教训，其中包括自然的演变、社会的发展和治水政策的影响，它们对今天的水利尤其是宏观问题的科学决策有着重要的借鉴价值。因为每前进一步，回望历史，总会有新的理解和发现，以史为镜，鉴往知来。面对错综复杂的水问题，正是在总结历史治水经验的基础上才有可能创新未来水利技术。

其次，对于调研本身来讲，从响应学院“走出书斋，读书之外还有山水”的号召开始，我的实践脚步逐渐从平山到了井陉，从家乡到了外面。在看到神奇的自然景色、感受到独特的人文风情的同时，自己也积累了更多专业知识。以上种种，不仅让我有了更多收获，也鼓舞了我“走出去”的信心。

在出发前的动员大会上张老师曾说“人是社会的产物”，所以学习历史立足书本而不囿于书本，凡事要自己探索，辅之以实地考察、社会调研等，去看社会中的历史，我想这是这次活动对我的最大启发。

（指导教师：吕志茹）

浅谈井陉于家石头村的水资源问题

杨丽丽

河北省石家庄市井陉县于家石头村是省级文物保护单位，为明代名臣于谦的后裔避难迁居时建。该村自先祖于有道起至今已有 27 代，2000 余人，95％为于姓。于家石头村坐落于太行山间，生活方式一脉相承。村落位于山坡南向阳面，呈东西方向沿等高线发展，北高南低。于氏宗祠位于村落中央，村口有清凉阁等标志性建筑，整个村庄房屋由石头建成。

井陉县位于太行山脚下，地处我国大陆东部中纬度，是典型的季风气候，旱雨季分明，环流活动强烈，旱季无雨，雨季有大雨甚至是暴雨。该县位于山区东侧迎风坡，全县地势地貌复杂，降雨也有所不同。正是这种旱雨季分明的气候使得于家石头村的水资源分布不均，利用困难，甚至出现自然灾害。另外，雨季的大雨冲刷使得山区水土流失严重，为实施可持续发展战略，于家石头村小流域治理需要被重视。

白庙垴位于于家村西北，高 490 米①，山地地形使得于家乡地势由西北向东南倾斜。倾斜的地势使得于家石头村在各种雨水灾害中得以生存，但是不易存水，加之多石质建筑也造成了于家石头村“旱”的问题非常严重。新中国成立后，国家和地方政府致力于水利建设，解决水问题，井陉县内建设了张河湾水库、绵右灌区、人民灌区等水利工程。如今，于家乡北为绵右渠，南为西跃渠，其中西跃渠穿过于家乡内，对改善于家乡水资源问题发挥了很大作用。

河北省全境治水取得了许多成就，这些成就体现在于家石头村水利的各个

① 《井陉县志》编纂委员会：《井陉县志》，河北人民出版社 1986 年版，第 66 页。

方面：防洪减灾体系日益完善，结合于家石头村自身防洪经验，村庄在新中国成立后的各场大雨中损失减少；开源节流成效显著，依据于家石头村先祖传下来的珍惜水资源理念，加上打井、开渠、挖池，使得村子缺水情况得到了极大的改善；水生态环境保护力度加大，逐步实现了人水和谐，于家小流域的建设稳步推进，水生态逐步转好。虽然于家石头村在新中国成立后取得了可观的成绩，但依旧存在着农业发展滞后等现实问题。

对于于家石头村而言，深厚的血缘关系和依山傍水的自然条件是村庄建设的重要脉络，因此于家石头村的水利问题也会影响到古村落的建设方向。从传统村落保护来看，注重水利建设可以大大增强村民凝聚力。在传统村落的发展与前进中，应当吸取先进元素，但要从根本上注重“原生态”，“原生态文化并非木乃伊，它随历史的演变、社会环境的发展而变化着”①。在于家石头村，“水源”是古老又鲜活的元素，也是原生态的元素，因此在石头村向前发展的同时，要注重水利发展，将水利发展与文化发展、经济发展、社会发展相结合，塑造古村落的灵魂。

一、新中国成立前于家石头村的水资源治理情况

在于家石头村建村之初，于家先祖便非常重视水资源问题，制定村规民约，注重节约水资源；开挖水池，收集雨水，以此来缓解用水压力。直至新中国成立前，于家石头村仍然致力于解决水资源问题。

（一）开挖水井、水窖、水池

村民为了存储水源就在自家院子中打水窖，留出进水口来收集雨水，在旱季可以饮用水窖中的水。每家每户都有水窖，大小多少不等。“家里边都有水

① 刘贤、程玉明：《活态，古村落保护的灵魂——井陉于家石头村采访札记》，《当代人》2010年第11期。

窖，现在还用，是存水的，没有水了就灌”，现在水窖的水“有机井里的”①。于家石头村的村民至今还在使用水窖，并与机井建设相结合，这说明水窖建造质量佳、存取方便，体现了于家先祖的智慧与勤劳。

在于家石头村的路边随处可见水井，于家历代先人重视治水，村边干河沟200多米的地段有百余口井，“（沟里的井）从东往西103口，是为了存水，（井）是单户人家的”②。家家户户打井来保障用水，为后代留下福泽。除了打井，于家先祖还在村子附近山上挖水池。于家石头村的蓄水池逐步发展为人工修砌的小型蓄水工程。在于家石头村有10个记载在册的水池，其中较为著名的有南山、西山上的五口大池子——一月池（大爷池）到五月池（五爷池），在东山脚下有康家建造的“康家池”。嘉靖年间，于氏五股在南山挖了五口大水池，村中各家各户派出人来修建水池，时至今日，我们仍能在南山上看到二月池。这些水池用来储水，以保障村中日常用水，现在的水池也有着防山洪的作用。地处山区之中，于家石头村有丰富的石材，于家先祖利用这些石材不仅建造了村庄，也建造了各种小型水利工程，因地制宜、就地取材的水资源利用思路值得当代水利建设借鉴。

（二）用水规约:《柳池禁约》的制定

在于家石头村的石头博物馆中陈列着众多石碑，其中《柳池禁约》有着重要的地位。柳池，是于氏先祖于有道为解决饮水问题在南山柳树旁修建的大池子，又名二月池，由于当时的村民将刻有用水规约的石碑立在柳树坑旁，此规约故名《柳池禁约》。明朝嘉靖年间，后代繁衍，水源紧张，需要开挖更多更大的水池。于氏第四代先祖于强、于怀恐“坑深则挖池不力，门多人众则取水不公”③，在嘉靖十七年（1538）订立《柳池禁约》，在乾隆三十九年（1774）

---

① 笔者在河北省井陉县于家石头村采访马春捧的记录，2021年7月4日。马春捧，女，1955年生，河北省井陉县于家乡于家石头村人。

② 笔者在河北省井陉县于家石头村采访于元怀的记录，2021年7月4日。于元怀，男，1941年生，河北省井陉县于家乡于家石头村人，曾参与过西跃渠修建。

③ 《井陉县志》编纂委员会:《井陉县志（1985～2004）》，新华出版社2006年版，第1168页。

将其刻成石碑。自订立之始，《柳池禁约》带着立约人于强、于怀等人的期盼，对于家石头村水资源问题的解决产生了重要作用。

“每年挖池，按工出门，独夫、孤子、寡妇、病家除外。”《柳池禁约》既规定了平等的出工方式，又兼顾到了特殊人群的感受，使得村规民约能够得到村民的认可与支持。村规民约中的公平规定，给于家石头村营造了一种和谐的氛围，这对于当时的水利建设，乃至其他方面的工程建设有着精神上的推动作用。“每家吃水许一瓮，取冰许两担”，《柳池禁约》明确规定取用量，通过严格要求，让村民真正感知水源的来之不易，从而做到节约用水。“有多积者，一瓮水，罚钱五十，一担冰，罚钱二十。一切罚钱，池中公用。”《柳池禁约》制定了惩罚条目，意在通过强制性与道德性相结合的措施，建立起独特的节水用水体系。在整个体系中既保障公平，又兼顾个体；既树立威严，又自然和谐。

《柳池禁约》不仅对于因缺水造成的邻里不和谐等社会问题有着明显的缓和作用，对于村子之后的发展也有着借鉴作用——将村规民约等规定与乡村关怀相结合，强制性与道德性相结合。

二、新中国成立初期于家石头村水利发展状况

独特的地理位置和季风性气候，加上于家石头村倾斜的地形，决定了旱灾成为于家石头村的主要灾害。进入 21 世纪，随着经济和科技实力的发展，防旱抗旱问题虽得到有效改善，但依然不可忽视。自新中国成立以来，于家村民众经历了担水抗旱、开井挖渠抗旱和机井抗旱三个阶段，新中国成立初期是担水抗旱和开井挖渠抗旱阶段。虽然存在不足，但在防旱抗旱方面取得了突出的成就，农业得到了恢复与发展。

（一）水利建设的历史进程

在担水抗旱阶段，村民担水种田浇麦。在刚开始的几年里，由于人数不

多，农业发展并没有明显改观，1958 年后，人民积极性高涨，掀起了担水抗旱的热潮，几年间农业发展迅速，人民生活困难的情况得到了缓解。在“靠天饮水，靠天种田”的条件下，于家村村民艰苦奋斗，一步步从担水抗旱中解放出来。随着经济的发展，在担水抗旱的条件下农业发展速度跟不上水利发展速度，在兴修水利之后，担水活动越来越少，开井挖渠抗旱逐渐成熟。

境内旱庄人民，祖祖辈辈利用旱井、窖蓄存雨水，防御旱灾。新中国成立后，随着全县水利建设的发展，旱井、窖不断增加，部分井、窖同渠道相通，保证了蓄水量。全县共建旱井 7413 眼，旱窖 1066 个①，于家石头村全村有新旧水井近 700 眼、水窖近 300 个。井、窖在地下蓄水，这样可以防止蒸发、结冰和污染。旱井一般井型为口小底大，成鸭梨形状，窖多呈长方形，由白灰砂浆粗块石砌成，料石拱券，三七灰土防渗。1968—1969 年间，在于喜科、张吉秋的主持下，于家村建成一眼全县最大的旱窖，容水 2000 余立方米②，西跃渠通水后，结合蓄灌渠水饮用。

在开井挖渠抗旱阶段，于家石头村村民用水情况得到了极大改善。1954 年在村西修水库一座，1968 年和 2006 年钻井两眼，建容纳 3000 多立方米以上的水池三座。③ 20 世纪五六十年代，于家石头村村民参与公社主持的绵右渠、西跃渠等工程，修配套的南北支渠和毛渠 20 多公里，增加季节性水浇地 600 多亩。其中西跃渠建设尤其突出，西跃渠五里洞位于支沙口村北支沙岭下，长度近 2.5 千米，在施工中为扩大掘进面，在隧洞顶部开凿了 40 米竖井两眼、150 米斜井两眼，变 2 个掘进面为 10 个掘进面，这条隧洞由于家乡承做，于家石头村村民贡献巨大。④ 西跃渠隧道出口便是于家公社，干部群众积极性高涨，为全线专业队攻克重点工程起到了早上人、早开工的榜样作用。在前方人工多口掘进、后方积极筹备掘进机械的这段时间里，前方在竖井掘进中用辘轳、箩筐提升出渣；在斜井掘进中用大绳拴小车装渣；洞内人工甩锤打炮眼，昼夜掘

---

① 《井陉县志》编纂委员会：《井陉县志》，河北人民出版社 1986 年版，第 201 页。

② 《井陉县水利志》编纂委员会：《井陉县水利志》，新华出版社 2008 年版，第 192 页。

③ 村内标志牌介绍。

④ 《井陉县志》编纂委员会：《井陉县志》，河北人民出版社 1986 年版，第 198 页。

进不停工。有村民回忆："组织修渠的是公社，我修过渠，去打炮眼。"① 除了参与县内的大型工程外，于家石头村村民还在村内原有水井水窖的基础上开挖水井，以保证生活用水。

（二）水利问题对农业的影响

水资源问题不仅会影响村民的日常生活，也会影响到农业发展。在新中国成立初期，于家石头村村民在村边种植玉米，亩产五十斤左右。在新中国成立后水利发展的情况下，村民开始种植小麦，但是由于人口等原因，"小麦一亩打五六十斤不够吃，就种玉米"。20 世纪 60 年代井陉灌渠实行轮灌制度，各大灌渠 10 天轮灌一次，水渠水量不足，因此于家石头村的农业发展并没有得到充足保障。直到 20 世纪 90 年代打深井开始，于家石头村水资源问题逐步得到改善，农作物有了较大收成，村民生活水平有所提高。水利问题是制约农业发展的重要因素，因此，发展好水利建设能够在很大程度上推动农业发展，进而推动三农问题的解决。

三、改革开放后的水利发展

新中国成立后，河北省经历了多次旱涝灾害，这使得本就建成仓促的水利工程出现了渗漏等问题。改革开放后，随着经济的快速发展，生态发展提上日程，水资源问题得到重视。从 20 世纪 90 年代开始，政府继续推进水利建设，改造、扩建水利工程，发挥人民的力量，让水利事业得到又一次发展。

（一）井陉县推动水利发展的政策

1990 年，井陉县水利局发布解决人畜饮水工作的汇报——《建设管理并

① 笔者在河北省井陉县于家石头村采访于元怀的记录，2021 年 7 月 4 日。于元怀，男，1941 年生，河北省井陉县于家石头村人，曾参与过西跃渠修建。

重确保人畜饮水》。汇报指出：本县人畜饮水工作成效显著，给旱庄人民生产和生活带来了可喜的变化，首先是人们精神状态的改变，其次是在促进了人们生产生活安定团结的大好局面的同时推动了经济发展。汇报中还提出了解决人畜饮水困难的基本做法，政策上“五坚持”，调动治水积极性，规划落实到村，加强工程管理，因地制宜，讲求实效。该汇报也明确提出了水利方面面临的严峻问题：旱庄多。这个问题与于家石头村比较符合，于家石头村根据政策文件做出了调整，在水渠后期管理工程上积极出工，村里水井建设取得了重大成就。如今，村里新旧水井共有 700 多眼，水窖近 300 口，建设成就突出。

1997 年，政协井陉县第四届委员会主席会议发布关于兴修西跃渠防渗加固和支斗渠配套工程的建议。西跃渠流经于家乡，为于家石头村缓解水资源不足起了重大作用。但是由于西跃渠先天不足，施工质量标准低导致渗漏严重，过水断面小，加之自然灾害对西跃渠的破坏，政府决定对干渠做防渗加固处理，如对渠底进行砼防渗等。于家石头村村民积极参与修缮，为西跃渠建设做出了重大贡献。在修缮加固之后，于家石头村来水量增加，为村中居民用水和牲畜饮水增加了水源，缓解了村子农业发展滞缓的状况。

2002 年，井陉县人民政府发布《关于加强水土保持监督执法工作的通知》（以下简称《通知》）。《通知》发布了一系列要求：首先是提高认知，脚踏实地，切实解决水土保持监督执法工作中出现的问题，有法必依、执法必严、违法必究。其次是严格把关生产建设项目，保障项目质量，相关部门认真执行《中华人民共和国水土保持法》及有关法律规定。最后是完善和规范水土保持补偿治理机制，合理利用水土保持补偿费和水土流失防治费。在于家石头村南面的河沟旁立着“于家小流域”的告示牌，根据政策文件，于家石头村要重视小流域治理，推进水土保持，在实现基本用水的前提下保护生态环境。

上述政策提到了水利事业目前存在的问题，提供了解决问题的思路和具体办法，给予了水利事业发展坚定的政策支持，为社会经济发展提供了政策保障，对于家石头村水利发展的影响深远。于家石头村在贯彻政府政策的同时，探索出符合自身特点的水利发展模式，值得其他旱庄借鉴。

（二）水利发展与水利管理

1. 打深井、机井

改革开放后政府通过技术手段开挖机井。井陉县境内深井建设始于 20 世纪 60 年代初，1973 年成立井陉县钻井队，境内打深井逐渐增多。通过走访得知，“机井是最近打的，有七口”①，村内用水情况得到很大改善。机井对于农田浇灌虽有一定的作用，但是“水费太高，种庄稼不划算”，农业发展依旧缓慢，于家石头村仍需进一步推进水利建设，让水利事业密切贴合村民的需要，通过水利助推农业乃至各方面发展。

2. 水利管理

由于前期水利工程建设的质量不够高，加上后期损耗以及多年的灾害影响，水利工程出现了一定的问题。灌溉于家石头村的绵右灌区和张河湾水库也存在相似的问题，在政府政策下达后，当地水利局与企业通力合作，将有问题的水利工程进行重建或者修缮，使得水利事业得到新的发展，灌区受益乡镇迎来新的发展机遇。

绵右渠在“96·8”大洪水时受到破坏。由于暴雨中心大面积覆盖绵右灌区，绵右渠受损严重。暴雨之后，根据政府下达的文件，全县开始了重建工作。在“泰山压顶不弯腰”“流血流汗不流泪”的口号下，政府群众上下一心，克服各种困难，绵右灌区得以重建，渠系基本恢复正常。在灌区后期的管理中，政府建立了集服务、收费于一体的目标责任制，规范各种手续，达到了灌溉调度自动化、渠道建设标准化、各项工作制度化、科学管理规范化。

张河湾水库工程位于于家乡南，坐落在黄壁庄水库主进库河流——冶河支流甘陶河上游。该水库 1976 年开工，1981 年以来通过西跃渠灌溉土地 1.1 万

---

① 笔者在河北省井陉县于家石头村采访于元怀的记录，2021 年 7 月 4 日。于元怀，男，1941 年生，河北省井陉县于家石头村人，曾参与过西跃渠修建。

亩。西跃渠是张河湾水库配套工程之一，渠首位于水库大坝左侧“445”高程，沿甘陶河西岸向下设计长度 115 千米，是一座以防洪、灌溉为主，兼山区饮水、发电、养殖、旅游等多功能为一体的水利枢纽工程。绵右灌区是井陉最大的一组灌溉渠系，渠道由总干、左干、右干、引甘济绵四条干渠组成，全长 189 千米，配套支渠 24 条，灌溉面积 17.3 万亩，全程从 1958 至 1977 年分四期完成。西跃渠流经于家乡，灌溉于家乡 5269 亩土地，其中于家村 816 亩。①

张河湾水库在改革开放初期由于国民经济调整被列为缓建项目，于 1980 年 7 月全面停工，以未完工状态运行了 23 年。缓建运行状态的张河湾水库经受了众多水灾的考验，为乡镇的灌溉用水和人畜用水提供了保障。不仅如此，即使张家湾水库处于未完工状态，在灾害之时还为绵右灌区等提供应急用水。2007 年，经国家计划委员会批准后，井陉县政府与河北张河湾蓄能发电有限责任公司协商决定开工续建，到 2007 年底基本完工。在张河湾水库工程中，与于家石头村密切相关的是西跃渠。从 1980 年到 2000 年，西跃渠由于缓建仅完成第一期，仓促停工导致工程质量低，渠道渗漏，水资源浪费严重。在各级水利部门的支持下，西跃渠维修施工处成立，开始修缮工作。于家石头村村民积极参与修缮，对西跃渠全线进行除险加固与维修防渗施工。到 2004 年，共完成渠道防渗 2000 余米，提高了改造段防渗输水能力，为于家石头村带来很大的效益。

四、于家石头村水资源问题综合解决方法

自建村起至当代，于家石头村一直在探索水资源问题的解决方法，并创造了自己独特的治理体系。在水资源问题得到缓解的前提下，生态发展与经济发展也应重视起来。

① 《井陉县水利志》编纂委员会：《井陉县水利志》，新华出版社 2008 年版，第 185 页。

（一）水资源问题的解决措施

为解决水资源短缺的问题，在工程上，当地政府采用“集雨、引涧水、截潜流、打井、跨村取水”的方式，从地表水到地下水、从时间到空间探索水资源利用方式的优化。在政策上，政府以政策帮扶、资金帮扶、以工代赈、扶贫单位帮扶等形式，解决人民的实际困难，提高了群众积极性。在群众思想动员上，政府提倡发扬艰苦创业的精神，号召人民参与建设，取得了显著成效。通过调查发现，多数于家石头村男性村民曾经参与过开挖水渠的工程，水渠通水后，村里吃水用水问题得到了一定解决。新中国成立以后，村里开挖机井，电力供水使得村民用水更加便捷，部分水源问题得到改善。

除了吃水用水问题外，农业用水问题也得到改善。新中国成立以后，政府根据张河湾水库供水情况确定了续灌制度和轮灌制度，通过畦灌、沟灌、管灌、井渠双灌、喷滴灌等方式，将科学技术与当地实际情况相结合，在提高水资源利用率的同时推动了农业的发展。

但是随着经济的快速发展，大量年轻人外出务工，加之处于山区地带，于家石头村的农业发展脚步放缓，农业收入不能完全满足生活需要。在此情况下，政府和当地村民自管委员会应当加强交流，在因地制宜与永续发展的前提下，根据水资源现状，探索出适合于家石头村的农业发展之路。

（二）水利问题之后的经济问题

据《井陉县水利志》记载，绵右灌区灌溉于家乡 705 亩田地，张河湾水库灌溉于家乡 5269 亩，其中于家村 816 亩。绵右灌区的主要效益是灌溉和发电。张河湾水库的主要效益有灌溉、饮水、防洪和发电。于家石头村地势倾斜，可以发展水能。自改革开放以来，电力技术逐步发展，水力磨面较之落后，故而在水能方面可以着重发展水力提水和水力发电，提水和发电会带来较大的经济效益，从而促进于家石头村经济的良性循环。以井陉景庄水电站为例，景庄水电站引西跃渠水发电，设计发电量 648 万千瓦时，同样是引西跃渠水的于家石头村也可以借鉴景庄的经验，建设水电站，以水发电，以电提水。

在于家石头村，“井”是极为出名的，更特别的是，于家石头村形成了“戏台—庙宇—水井”一体的布局，有庙宇一定会有戏台和水井。此时水井的作用就不仅仅是取水了，特殊的位置赋予它“扩音”的作用。为发展经济，特别是旅游经济，于家石头村可以充分发挥这个优势，将“水井文化”与“戏台文化”“庙宇文化”相结合，探索出一条特别的旅游之路，充分发挥水井的衍生作用，也是水利发展的一大进步。当传统文化与自然相结合，不仅仅是作品的产出，也极有可能是一个产业的兴起，于家石头村若是正确发挥天然优势，必定可以促进旅游经济的发展，从而提高社会效益与经济效益。

北京市房山区山区地带人畜饮水较为困难，饮水水源主要依靠山泉及少量的大口井。这些水源随气候变化而变化，每到干旱季节经常断流、枯竭，这与于家石头村的情况较为相似。房山区部分居民需要到几里甚至十几里外驮水、拉水来维持日常生活。新中国成立初期，在政府的支持下，房山区开始了治水活动，制定出符合当地情况的措施。更值得一提的是，通过水利建设，房山区经济得到发展。房山区的成功经验中还包含果树种植的经济发展方式，但是考虑到于家石头村地质地貌状况并不适合种植经济林，加之当地有水土流失情况，在治理中应以水土保持为主，所以当地在发展经济之前应重视山地水土保持工作与小流域综合治理工程。

（三）经济与生态共同发展问题

在于家石头村南山脚下竖立着的“于家小流域”立牌体现了政府对生态环境治理的重视。由于地处太行山中，井陉县内有着比较严重的水土流失情况。于家乡是典型的中低山石灰岩轻度侵蚀区，地表缺水，土层贫瘠，植被覆盖率低。

太行山区的崇陵小流域与于家小流域有着相似的地形地质，在推动于家小流域治理的过程中可以借鉴崇陵小流域的水土保持工作。中上游坡面受人为影响较小，该区水土保持应依靠自然能力进行生态修复，封山育林育草，种植水土保持林，提高土壤生产力；下游地区受人类活动影响较大，主要是人为破坏，对于此区域可以结合具体情况种植乔木林或者经济林。在崇陵小流域治理中重点提到了“沟道水土保持措施布置”，沟道关系到小流域排洪等问题，于家石头村的沟道同样也需治理。基于于家石头村特殊的地理位置与自然资源，可以选择砌石护岸、就地取材的方法，以实现水土保持和小流域环境改善。

在同县的苍岩山小流域治理和胡雷小流域治理中可以获得的实用经验有：坚持规划先行、坚持权责明确。规划先行，要规划人员权责，规划治理方案，规划预期效果。在借鉴其他成功方案的同时，于家石头村也要发扬本村的优点。如《柳池禁约》中提到的为公平使用水资源、节约水资源所体现出来的强制性与道德性原则，对于今天的治理工作仍有一定的借鉴意义，它不仅能够在精神层面唤起人们的认同感和参与感，还能够在制度层面为治理工作提供一定保障。

在于家小流域治理过程中要注重效益评估，经济效益、生态效益、社会效益相统一，三者缺一不可。由于于家石头村特殊的地质与人文状况，生态效益和社会效益应大于其经济效益。在小流域综合治理之后，其生态效益应当是形成完整平衡的生态系统，实现可持续的发展状态，真正实现水土保持，并且对于旱涝灾害有一定的缓解作用；其社会效益应当是对劳动力使用合理，安置相当数量的剩余劳动力，对提高人民生活水平起到积极作用，在精神和物质方面有突出贡献。

水利问题一直都是河北省发展问题的重中之重，河北省水利发展自新中国成立后积累了诸多经验，同时赋予了于家石头村水利建设很多重要启示：

在思想上与时俱进，树立永不止息的意志。时代在发展，任何事物都不能脱离时代的轨道。于家石头村水资源问题的改进必须要依据现在的生产力发展水平。新中国成立初期，农业在生活中占据很大比重，灾害是发展的主要障碍。改革开放以来，社会经济得到快速发展，水源问题也变得各不相同，因此，于家石头村关于水资源问题的改进要与时俱进，探索和实践可持续发展治水方略。水利有很多种，但是要将民生水利放在优先发展的位置。于家石头村发展水利，归根结底是要造福人民、依靠人民。饮水安全、用水方便、排水放心——这些人民密切关注的问题都需要重视，让人民充分享受到水利建设成果。水利与民生息息相关，解决好人民群众最关心、最直接、最现实的水利问题，是水利事业永恒不变的话题。① 可持续发展作为当今发展的主流，在水利事业上也应有所体现。水资源的可持续发展意义重大，它也关系到生态可持续、经济可持续。于家石头村坐落于山区，水资源问题更应与生态问题相联系，以达到经济的可持续发展。另外，改革创新、依法办事也是解决水资源问题的重要方面。以治水制度为例，制度既要创新，也要依法制定。将改革创新和依法办事相结合，水利发展所面临的问题依靠创新和法制来解决，这对于于家石头村的发展有着指导意义，也弘扬了其自身的优良传统。结合重点小流域自身的特点，制定出因地制宜的工程措施，并有选择地发展经济，是各类型小流域的治理特色。在科学划分小流域的基础上结合重点治理小流域的自然、社会经济及水土流失等特点，科学配置生物与工程技术措施，在理论和实践上是可行的，小流域综合治理效益良好。小流域综合治理的进一步优化配置，如立体配置模式、多重循环利用模式、深加工的引入等尚待进一步深入研究。②

总之，有着水资源问题的于家石头村经济与生态共同发展时必须要重视小流域综合治理，统筹兼顾，综合规划，并根据当地实际情况，采取水土保持治理措施，在保护、改善、利用水土资源的同时，预防水土流失，充分发挥小流域的生态、经济和社会效益。

结　　语

于家石头村经过数代人的艰苦奋斗，在节水治水上取得了很大成就，积累了一定的成功经验。在现阶段，不只是于家石头村，其他有着类似问题的古村

① 李清林：《河北水利六十年回顾与展望》，《河北水利》2009 年第 9 期，第 4—6 页。

② 高璟、陈建、高青：《河北省太行山区重点小流域综合治理技术体系与效益》，《河北林果研究》2004 年第 2 期，第 134—138 页。

落，都应解放思想，脚踏实地地解决水资源问题。推动水利建设，就是推动古村落发展，就是推动社会发展。解决水资源等问题，功在当代，利在千秋。

（指导教师：吕志茹）

浅论井陉于家石头村水利设施的演变

李一琳

井陉县位于河北省西部，冀晋结合部，太行山东麓，素有“太行八陉之第五陉，天下九塞之第六塞”之称。而在这个不平凡的地区，诞生了一个同样不平凡的村庄——于家石头村。相传于家村是明朝大将军于谦之子于有道为躲避政治迫害流亡至此建立的，有着深厚的历史文化底蕴。全村建筑和道路的原材料都来源于太行山脉上的石头，建筑风格别具特色，因此得名“石头村”。而作为于谦后人，于家石头村村民对于教育问题十分重视。在明清之际，于家石头村频频出现秀才和举人。

然而，井陉的干旱问题使得石头村难逃“旱庄”的称号。坊间对于井陉“十年九旱”的说法虽不乏夸张的因素，但也从侧面说明了井陉干旱的情况非常严重。旱灾往往发生在春天和初夏，是受当地气候和地形的共同影响。与此同时，水灾虽然在井陉不常发生，但一旦发生却能造成比旱灾更严重的危害。令人称奇的是，旱、水灾对于家石头村并未造成严重的灾难，而于家石头村之所以能够战胜灾害，和村民们修建的水利设施密不可分。本文以于家石头村为考察对象，通过村民口述访谈，查阅地方史志，对相关研究成果和政府政策等进行对比和考证，尽力梳理于家石头村水利设施建设及其背后的历史意义和发展规律。

一、井陉县于家石头村旱、水灾害及成因

井陉的干旱是非常严重的，根据史料记载，井陉一旦发生旱灾，通常会持续三年左右，时间最长的时候曾持续八年之久，且旱灾通常发生在春天和初夏，对于作物的生长影响极大。在“靠天吃饭”的农业社会，井陉的旱灾对于井陉人民的打击是毁灭性的。除了旱灾，水灾在井陉也是不可忽略的存在，发生在 7—8 月份的水灾在某些年份也可能造成比旱灾更严重的影响。于家石头村不可避免地要与干旱和洪水做斗争。为了生存，于家石头村村民不得不寻找新的水源以及保护水源的新方法。本部分由于缺少于家石头村本身旱、水灾具体情况的文字资料，只能通过总结《井陉县志》《井陉水利志》中井陉地区的旱、水灾一般规律以及村民口述访谈来分析于家石头村的相关情况，并将两者进行对比，尽量勾勒出于家石头村的旱、水灾情况及其受灾害影响较小的原因。

（一）井陉县于家石头村旱、水灾害情况

井陉并非寻常的缺水，事实上，这种程度的干旱已经严重影响到了人们的生活，甚至已经发展到了“人为水亡”的地步。虽然这个现象和表 1 的井陉县月平均降水量似乎存在相互冲突的情况，但由于井陉特殊的地形和气候状况，干旱似乎也可以得到合理的解释。井陉县民仅为吃水，串山沟，挺山梁，过峭壁，走荒滩，坠入山崖者有之，虎狼食肉者有之，失踪无音信者有之。在人们遭受断饮之灾的同时，粮荒灾害更是惨绝人寰。[①] 人们连基本的生活用水都难以保障，怎么还会有余力去进行农业生产，粮食产量会多么微薄是可以想见的。而人们的心理防线也被这似乎永无尽头的干旱不断攻击着，在当时没有先进的人工降雨技术和中央政府强大的支援能力的情况下，干旱可以很轻易地夺

① 《井陉县水利志》编纂委员会：《井陉县水利志》，新华出版社 2008 年版，第 189 页。

走人们的性命。这种未知的恐慌在人们心中被不断放大，人们为了一点水翻山越岭，如果取水用具在半路坏掉，甚至可以催生人们的绝望和轻生之心。而于家后人们身处于这样艰难的生存环境中，为了生存，他们不得不使尽浑身解数与大自然抗争，从而获得宝贵的水源。

井陉相较于附近地区（周边县乡）日照时数和晴朗天气比较多，而井陉当地的降水量较少且季节分布不均①，在这样的先天条件下，井陉旱灾多发是难以避免的。

表 1　井陉县某年月平均降水量②

月份	1	2	3	4	5	6	7	8	9	10	11	12
降水量（毫米）	3.3	7.4	108	28.1	34.9	58.8	145.1	178.4	60.4	30.8	16.7	3.9

虽然井陉一向是晴天居多且日照时间长，但根据县志史料记载，水灾在井陉也时有出现，甚至在某些年份水灾可能比旱灾的影响还要大。如 1956—1984 年曾多次有大暴雨降临井陉，且暴雨次数多集中在夏季。与之对应的是，水灾的形成时间也大多在夏季。③ 令人惊奇的是，无论是旱灾还是水灾，对于于家石头村的正常生活和农业生产都没有产生太大影响。下面将对产生这一现象的原因进行探讨。

（二）旱、水灾害对于井陉县于家石头村影响较小的原因

1. 旱灾原因

井陉旱灾的影响因素可以大致分为两种，即气候因素和地形因素。从气候角度来讲，井陉位于我国季风区，属于温带季风气候，降雨本身就比沿海地区

① 《井陉县志》编纂委员会：《井陉县志》，河北人民出版社 1986 版，第 83 页。

② 《井陉县志》编纂委员会：《井陉县志》，河北人民出版社 1986 版，第 71 页。

③ 《井陉县志》编纂委员会：《井陉县志》，河北人民出版社 1986 版，第 85 页。

要少，而季风区降水的一大特点就是降水季节分配不均，一般是夏雨集中，冬雨很少，春、秋稍多。① 加之前文提到过，井陉晴天多，日照时间长，气温比附近地区高。这些气候状况是造成井陉干旱的重要原因之一。

井陉内部地形复杂，地势起伏大，有山地、丘陵、盆地、平原等多种地形。受地形地势等因素的影响，井陉县的降水分布不均，更是加剧了井陉的干旱状况。

于家石头村处于井陉的内部，深受当地气候的影响。但于家石头村在建村后的五百多年中并没有因为干旱而受到太大影响是有其必然原因的。首先，这离不开于家石头村村民主观能动性的发挥，从最初的《柳池禁约》和于家五股合力开挖的五个水池，到后来村民在路边和沟渠里挖旱井，再到后来的水窖和在政府主持下的沟渠和灌区，以及最后发展成为机井。水利设施的不断更新换代不仅是于家村不断延续发展的原因之一，更是于家石头村村民创新精神的体现。其次，这和于家石头村地势较高有着很大的关系。一旦降雨，雨水顺着地形流向低洼的地区，而于家石头村村民建在地势低洼处的旱井和水池就可以很好地发挥蓄水作用，保留来之不易的水源。这不仅对于家村的干旱情况有所缓解，也对洪水有着很大的缓冲作用。于家先祖最初建村选址是否考虑其相关因素已无从得知，但于家后人对于地势的运用可以说是独具匠心了。综上所述，于家石头村受旱灾影响较小的原因也就基本明了了。有趣的是，这两点原因也是于家石头村受水灾影响较小的主要原因。

2. 水灾原因

夏季相比其他月份而言，过分充沛的水量就是水灾的重要原因之一。

通过口述访谈，我们了解到即使是 1963 年大洪水，于家石头村依然没有受到大的冲击。据村中老人回忆，当时的雨真是非常大，好几天都停不下来，但村中的庄稼、牲畜和房屋没有受到太大影响。笔者认为这或许和于家石头村的地形及储水设施有关。于家石头村本身位于高处且地势倾斜，雨水不易滞

---

① 《井陉县志》编纂委员会：《井陉县志》，河北人民出版社 1986 版，第 83 页。

留，雨水顺着地形流到地势低洼地区。村民在房屋（本身建立在倾斜路面上）下方修建旱井，雨水会自然而然地流入低洼的旱井中成为储备水源，以供人们日常生活使用。而在围绕村落的河沟中有103口井，按照村民的口述，这些井是属于村民的，大概每家每户有一到两口井。① 在下雨天汇入河沟的水自然会留在村民的井中。

上面所描述的储水设施是于家石头村村民在近代所采取的办法。而在于家石头村刚兴起的时候，村民们也利用地形建立了适合集水的储水设施——水池。相传是建村初期由于有道的五个儿子所分出的于家五股建成的，每股拥有一个水池。水池建立在山上地势低洼、适合汇集四方雨水的地方。但于家石头村也不是完全不受洪水的影响，二月池就是于家石头村确实存在水灾威胁的证据之一。“（二月池）是人住山上打坑，（坑）不浅，是怕水才修的”②，这可以证明于家石头村存在一定的水患问题。

于家石头村之所以没有受到严重的影响，除了位于高处的地理优势外，更离不开村民们修建的各种储水设施。

二、于家石头村的水利设施建设

水灾和旱灾这双重因素催促着于家村村民们不断改进和更新水利设施。关于于家村水利设施的建设过程，由于时代相对遥远且在具体史料中缺少详细记述，我们难以重建确切的时间和经过。但可以肯定的是，这一过程必然是缓慢且漫长的，并且中间伴随着交叉与反复。因此这一部分将以于家石头村水利设施发展过程中重要历史节点出现的顺序来叙述。以乾隆年间的《柳池禁约》作为过程的起点，而以机井的出现作为过程的终点。

---

① 笔者在河北省井陉县于家石头村采访于元怀的记录，2021年7月3日。于元怀，男，1941年生，曾参与开挖西跃渠、人民渠等工程。

② 笔者在河北省井陉县于家石头村采访于田顺的记录，2021年7月4日。于田顺，男，1942年生，曾参与过绵右渠和人民渠的修建。

（一）水池和《柳池禁约》

于家石头村水利设施最初的修建离不开于有道和其族人、朋友（康氏）的辛苦努力。在他们决定定居于此的那一刻，就注定要和这里干旱的自然环境做斗争，而聪明的于家后人选择从建设和管理两方面下手。于家石头村村民在建设方面的成果就是水池，而且水池可以说是于家石头村最早的储水设施。据村民回忆，在于谦的长子于有道携妻子来到井陉县定居后，于有道的五个儿子后来逐渐分成了于氏宗族的五股。这五股分头打池建塘，在南山脚下挖了五个蓄水池①，分别称为一月池、二月池、三月池、四月池、五月池。

笔者在田野调查的过程中观察了翻新过的二月池的状况，据村民说，“二月池是新（翻）修的，柳池就是二月池”②，这和下文要介绍的《柳池禁约》中所描述的水池正是同一个水池。通往二月池的山路上杂草遍布，显然是很久没人取水了。果不其然，当笔者到达目的地时，二月池早就和环绕山村的水沟一样干涸了。虽然它的池底长满了杂草，但我们仍然可以从它巨大的容积中窥见它过去的储水能力。虽然我们没有到达其他水池，但笔者认为应当和二月池相类似。据村民说，池子的边缘是存在阶梯的，村民以前会挑着担走下阶梯取水。但笔者并未在二月池见到可以用于行走的阶梯，故猜想可能是在翻修过后水池已经和机井管道抽水相结合，不再需要人工挑水，所以将阶梯去除了。听村民说，其他水池还是有可以取水的阶梯的，“还有五月池，可以上去挑水，有台阶，还得往上走”③。

另外从管理方面来讲，乾隆三十九年（1774）于家石头村就刻成了《柳池禁约》石碑。石碑在搬进于家石头村博物馆之前一直是露天放置，由于几百年来的雨水冲刷和风沙侵蚀，上面除了“柳池禁约”四个大字之外其他字已经看

---

① 王海侠：《石头村·石头——太行于家石头村民间建筑艺术与民俗研究》，河北师范大学 2006 年硕士学位论文，第 18 页。

② 笔者在河北省井陉县于家石头村采访于田顺的记录，2021 年 7 月 4 日。于田顺，男，1942 年生，曾参与过绵右渠和人民渠的修建。

③ 笔者在河北省井陉县于家石头村采访于雨清的记录，2021 年 7 月 4 日。于雨清，男，1931 年生，曾参与过绵右渠和西跃渠的修建。

不清楚，如今所见的文字版是当时纸质文书留存的结果。石碑的内容规定大致如下：“每年挖池，按门出工，除独夫、孤子、寡妇、病家外，有失误者，一工罚钱五十钱。”因为饮水困难，挖井不易，为防止“门多人众，取水不公”，在水量分配上，“每家吃水许一瓮，取冰许两担。有多积者，一瓮水，罚钱五十，一担冰，罚钱二十。一切罚钱，池中公用”。从石碑可以看出于家石头村的治理既有传统社会的人情味，又维护了公平正义。

首先，免除了鳏寡孤独家庭或者有病人的家庭每年挖池的事务，让他们可以在恶劣的环境下有更好的生存机会。其次，尽可能地保证用水的公平。发现有人多用水就要罚款，并且罚款并不归私人所有，而是用于水池的修建和维护。我们在调研过程中还听到了导游讲过去的趣闻，当时如果村民偷存水被发现，除了要赔偿之外，还要为村民们表演戏曲节目以示惩戒，偷存水的村民面对这种诙谐又不失严肃的惩罚方式只能无奈且尴尬地接受，在为村民们表演的过程中面对并改正自己犯下的过错。这种惩戒方式无疑是明智的，既避免了乡里乡亲之间撕破脸皮，又让偷水者再也不敢去干这种损人利己的勾当。

《柳池禁约》碑刻

柳池禁约

《柳池禁约》文字版

（二）旱井

最初的于家石头村与其他地区的居民并无不同，都是开挖水井和水池，挑着水桶翻山越岭去获得维持每日生计的水源。先不谈翻山越岭取水的效率和危险性，随着人口的增长，水井和水池的水肯定是不足以支撑人们的使用，因此于家后人又想到了在村落内部或者村落附近保留珍贵雨水的想法。人们开始在房屋的下方修建旱井，虽然现在的旱井由于修建公路抬高了地基，使得井的一半已被掩埋在了地下，但在以前旱井是和居民房屋的底部齐平的，非常有利于集水。现在我们从外面依然可以看见被石头堵住的井口，井口的直径大约一米左右，深度由于被石头遮挡，难以估测。而在环绕于家石头村的沟渠中足足有103口井，都是村民打的用来储水的井。这些水井基本上是一家一口或几口，下雨时雨水汇入沟渠，流入井中，成为人们的储备水源。用于家石头村村民的话来讲，在水窖和机井出现之前，他们都是靠旱井来维持日常生活的。

新中国成立前，于家石头村的村民已经通过修建旱井来保存水源，并且旱井在于家石头村村民的生活中发挥了极大的作用。除了旱井外，1958年在井陉掀起的“高山井窖水利化运动”大大推动了于家石头村的旱井建设。在当时“跑步进入共产主义”风气的影响下，人们觉得“好像一个早上就能实现水利化”①。虽然旱井的数量在这一时期确实得到了大幅度增长，但这些井的质量和使用寿命是值得商榷的。在当时也存在着当地人过段时间就把粗制滥造的旱井填上继续在上面进行农业生产的问题。② 尽管如此，这场运动也确实是推进了于家石头村旱井建设的进程。

但旱井无论怎样设计和规划，都会因为暴露在外面而沾到灰尘或者遭到飞禽走兽的破坏。因此，水的质量和数量难以得到保证。而且井陉的晴天多，日照时间长，就算修建在房屋下面也会有水分的蒸发。井口呈开放状态，在夜间视线不佳的情况下对村民或者牲畜的安全也存在着威胁。笔者认为，这些无法

① 《井陉县水利志》编纂委员会：《井陉县水利志》，新华出版社2008年版，第80页。
② 《井陉县水利志》编纂委员会：《井陉县水利志》，新华出版社2008年版，第81页。

规避的缺点也是旱井最后被村民们放弃的一部分原因。

废弃的旱井

（三）水窖

在调研途中，我们根据受访者马春捧的出生时间做了一个大致的推断。马春捧是 1955 年生人并且不是于家石头村本村人，她是经人介绍从衡水嫁至于家石头村的。那马春捧对于于家石头村储水设施的了解多是在 1955 年后。而马春捧却能说出村中旱井到水窖的演变，说明在她嫁到于家石头村后村民仍使用了一段时间的旱井。即使假设马春捧 15 岁结婚，结婚后于家石头村立刻出现了水窖，那水窖出现的时间也不会早于 20 世纪 70 年代。这与后来其他村民所说的水窖大概有三四十年的历史相呼应，印证了水窖出现在 20 世纪七八十年代的说法。

据受访者所言，“家里面都有水窖，现在还在用，是存水的，没有水了就往里灌”。水从庭院角落一个通往水窖的开口流入，经过管道流进水窖。人们在水窖的上方安装了一个出水口，根据挤压的原理，让水从下方喷涌上来，整个取水过程非常便捷。根据受访者所述，村子中各家各户都有水窖，其容量有大有小，“有十几方的，有二十几方的，有三十几方的，每个水窖都不一样”。在政府为村民打下机井之前，村民通过收集雨水或者从其他地方获取水源来填满水窖。水窖的出现解决了旱井水分蒸发、灰尘污染水源等问题。与此同时，如果下暴雨，也可以通过角落的小口处理庭院中的积水，并且于家石头村屋顶的设计就是向内倾斜的，方便让雨水流入院内。水窖的出现让村民们的饮用水质量上了一个新的台阶。

（四）沟渠和灌区

沟渠和灌区作为政府主持修建的水利工程，史料上有具体的时间标注，而本文主要的着眼点是于家石头村，所以对于和于家石头村关联较小的工程不在此赘述。虽然新中国成立后井陉最早的水利设施修建可以追溯到 1958 年的绵右渠，但由于于家石头村地势较高，绵右渠的修建并未惠及于家村民，但于家村民还是在 1958 年成立于家公社后跟随着公社去修建绵右渠了。据参与过绵右渠修建的村民回忆，“都要去，大部分人都要去，农活都是他们年轻小伙子干的”，“那得干 20 个小时”①，修建绵右渠的辛苦可见一斑。在绵右渠之后，于家公社也参与过人民渠和民主渠等水渠的建设。

真正和于家石头村村民吃水相关的是张河湾水库的配套水利工程——西跃渠。张河湾水库始建于 1976 年 11 月，1979 年被列为缓建项目，1980 年 7 月 4 日停工，以未完成的状态投入使用。西跃渠也因此受到影响，只在第一期工程勉强完成后就停工了，但第一期工程也让井陉的水利建设得到了极大的发展，尤其是于家石头村。五里洞位于西跃渠中下游支沙岭，是西跃渠系最长的隧洞，隧洞全长 2263 米，其出口就是于家公社的地界。② 于家公社的干部群众都非常激动，因为他们知道只要把隧洞打通，渠水就会流入于家公社。在于家团

① 笔者在河北省井陉县于家石头村采访于元怀的记录，2021 年 7 月 3 日。于元怀，男，1941 年生，曾参与开挖西跃渠、人民渠等工程。

② 《井陉县水利志》编纂委员会：《井陉县水利志》，新华出版社 2008 年版，第 108 页。

1977年7月1日接受这个工作后，他们就日夜奋战，战胜了无数困难，打通了五里洞隧道。当渠水流过他们的田地时，他们的自豪和欣喜是无以言表的。

据村民说：“（离西跃渠）有65千米，能浇地，有2000多亩地。”① 虽然其他水渠由于距离问题不能被于家村民所利用，但西跃渠的出现大大改善了农业生产的灌溉条件，基本满足了村民的用水要求。

表2　西跃渠受益乡村灌溉面积表②　　单位：亩

县乡村别	灌溉面积	县乡村别	灌溉面积	县乡村别	灌溉面积
天长镇	3436	樊家	590	蒋家	664
王家	466	张家	502	吕家	185
单家	382	狼窝	398	小梁江	397
板桥	818	康家	270	苍岩山镇	2179
梁家	300	高家坡	420	景庄	468
南刘家沟	489	郝家坡	495	杨庄	388
长生口	653	南张井	483	柿庄	932
小龙窝	85	当泉	325	上坪	391
郝家台	243	张井沟	130	测鱼镇	141
于家乡	5269	南障城镇	2375	测鱼	129
于家	816	硫沙棚	439	朱会	12
史家	840	支沙口	690		
总计：13400					

（五）机井

据《井陉县水利志》载，在1980—1985年，随着境内经济的发展，深井（机井）才逐渐出现在井陉的腹地，这主要在于水利技术水平的提高。这和村

① 笔者在河北省井陉县于家石头村采访于密保的记录，2021年7月3日。于密保，男，1949年生，曾参与开挖西跃渠、人民渠等工程。

② 《井陉县水利志》编纂委员会：《井陉县水利志》，新华出版社2008年版，第185页。

民所说的“改革开放之后才有机井，国家出钱钻井”① 基本上是吻合的。正如下方图片所示，正面和侧面分别写着“幸福泉”和“党的温暖”两组大字，这不仅是国家修建机井的证明，更彰显了党和群众的亲密关系。

关于于家石头村机井的具体文字材料并不多，通过村民之口我们大致知晓了于家石头村机井的情况。于家石头村有七口机井，全是政府出资建造的，基本解决了村民的吃水问题。二月池的翻新与机井的建立有关，二月池在翻新后容积扩大，村民将机井中的水灌入二月池储存，而二月池最后被弃置也可能是因为村中家家户户都安装了水窖，再也不需要去山上取水了。

机井房

据村民说，机井和村民家水窖的结合方式是“院子里（水窖）灌进去

① 笔者在河北省井陉县于家石头村采访于雨清的记录，2021 年 7 月 4 日。于雨清，男，1931 年生，曾参与过绵右渠和西跃渠的修建。

（水），然后通电，用水泵”①。虽然机井解决了水源问题，但水价依然昂贵，用来进行农业生产得不偿失。

于家石头村持续了五百多年的干旱缺水问题终于得到了解决。回望过去，从于有道携带家眷到井陉定居开始，他们就已经在和大自然做斗争了。最初由家族中的族长带领村民们修建水池，规定每股一个水池，又因为深知“不患寡而患不均”的道理，因此颁布了《柳池禁约》来规范大家用水。新中国成立后，于家石头村修建水利设施的道路逐渐走上了正轨。村民们在村落内部大量修建旱井来存储夏季丰沛的雨水，又在环绕村子的河沟中打井。在那条并不宽阔的河沟中，村民们足足打了 103 口井。之后由于旱井的水不足以维持村民们的正常生活，人们又在自家庭院中修建水窖，用来储存流到家中的雨水。最后由政府出资建设了 7 口机井，水窖与机井相结合，真正解决了于家石头村吃水难的问题。

结　语

井陉素有“十年九旱”的说法，而住在井陉的于家石头村人自然是不可避免地要与干旱进行斗争。于家后人为了生存只能不断寻找储存水源的方式，更新原有的储水设施。于家石头村水利设施的演进是于家一代代人智慧和勤劳的结晶。最初只有水池，旱灾来临的时候人们将面临生存的挑战，所以于家先祖们颁布了《柳池禁约》，以这种传统乡村治理的方式告诫后人不要为了一己私利侵占大家来之不易的水源。后来，旱井和水窖的出现也是人们为了对抗恶劣的生存环境所创造出来的产物，这虽然大大减少了旱灾发生的可能性，但居民的用水问题还是没有得到完全的解决。直到新中国成立后政府为饱受干旱折磨的人民打了 7 口机井，干旱问题才在于家石头村得到解决。

---

① 笔者在河北省井陉县于家石头村采访于田顺的记录，2021 年 7 月 4 日。于田顺，男，1942 年生，曾参与过绵右渠和人民渠的修建。

同时，以笔者浅显的阅历来看，于家石头村的水利设施也是存在着一些问题的。虽然先人们为解决干旱问题想尽办法修建各种水利设施，但这些设施目前大多已废弃，现在井旁长满了杂草，已经看不到井原本的模样了。听村中的老人说，之前家家户户院子里面都是有井的，但在修建机井后，除了水窖外其他井基本都废弃了。而之前在山上挖的水池，如二月池、五月池，已经杂草丛生，通往水池的路由于长期无人涉足而被杂草掩盖。如果深度挖掘井和水池背后的历史故事，将遗迹和文物进行修缮，并作为于家石头村新的旅游景点也未尝不是一种创新。

在井陉这个干旱的地区，于家石头村的水利设施比较完善，无论是旱灾还是水灾，对于于家石头村都没有造成灾难性的影响。究其原因，除了于家石头村自身的地理优势外，村民的创新精神也是一个因素。于家石头村随着时代的发展和科技的进步，不断改进和创新水利设施，解决了干旱问题，深刻体现了只有结合客观实际并不断创新才能更好地解决发展中遇到的问题。

（指导教师：吕志茹）

其　他

新中国成立前于家石头村的自治情况

刘　睿

于家石头村位于河北省井陉县西南约15千米处的一个山沟里，始建于明朝成化年间，距今已有五百多年的历史。该村是于谦后裔的聚居地，村内400多户，绝大多数于姓村民皆系于谦后裔。于谦，明浙江钱塘人。永乐十九年（1421），登进士第。土木之变（1449）后力排南迁众议，率师20万与瓦剌也先作战。后也先挟英宗逼和，他以“社稷为重，君为轻”，不许。也先无隙可乘，被迫释放英宗。天顺元年（1457），英宗夺回帝位，于谦遭人诬陷，含冤遇害。据《于氏家谱》及当地村民口传，于谦蒙难后，其次子隐居于井陉县南峪村，后其长孙于有道携家眷迁居于白庙山下，即现今的于家石头村。

独特的背景使得于家石头村在入村之后与外界联系甚少，加上闭塞的地理位置，于家石头村逐渐形成较为自主独特的乡村自治体系，即一种以宗族为中心、以教育为基础、以环境为熏陶的文化型自治结构。

一、自治：于家石头村治理的基本形式

在于谦遭人陷害之后，其长孙于有道为了避难选择带领妻子儿女躲进了闭塞的群山之中。避难则意味着于有道及其子孙与外界联系甚少，闭塞的群山更使于家石头村难以与外界沟通，在这种情况下，于家石头村乡村自治体系的形成是一种必然结果。

于家石头村的自治体系以宗祠为核心，宗祠首先是祭祖的场所，祭祖的隆重仪式在此举办。凡行祭典，族人齐聚，从而显示家族的存在，强化家族的认同与宗族观念。于家族内分五股，讲辈分，长尊幼卑有序，不容丝毫逾越。家族内部的秩序，族长的权威，都来自以血脉为基础的家族内部天然等级。祭祀祖先是要建立对祖先的尊崇，尊崇祖先，就要遵守祖先的遗教和遗制，这就保证了传统价值、传统秩序的延续。

宗祠还是村中议事的重要场所，族中大事，如修桥铺路、兴学建校、抚老养孤等，族长都要召集族人商议，重大事项往往在祠堂内，当着列祖列宗的面讨论、议决、宣布，以示庄严和庄重，这样凡在宗祠内决定和宣布的事项就被赋予了最高的权威性和合法性。虽然最后的决定由族长敲定宣布，但宗祠议事并非代表着族长专制，恰恰相反，宗祠议事的存在保证了乡村民主，既然是当着祖宗的面议事，族长最后的决定必须符合祖宗的遗训，而“祖宗”又是最公正、最无私的，这就保证了宗祠议事的最终决定一般都会符合村中成员普遍认可的朴素的公平正义观念。

宗祠是裁决争讼的场所。当宗族内发生矛盾纠纷，如兄弟反目、夫妻失和、地界纠纷等，一般多由家族长辈调解，重大纠纷或调解无效者，最后则决于祠堂。宗祠之前，祖宗在上，依家法裁决。家法实际上是在长期的大家族生活中自然形成的维持家族内部正常秩序、保持家族和谐安定的一种规范。

由此可见，在于家石头村，宗祠是建立在自然经济基础上的乡村社会的上层建筑。宗祠以血缘关系为天然基础，以对祖宗的绝对尊崇为精神基础，以维持家族和谐为指向，在国家权力和外界难以企及的于家石头村发挥着乡村自治的功能。

二、德治：于家石头村治理的道德基础

西周时期出现了“明德慎罚”思想，将德治和法治相结合。儒家提出“为

政以德”的德治主张，“道之以政，齐之以刑，民免而无耻；道之以德，齐之以礼，有耻且格”。汉武帝时“罢黜百家，独尊儒术”，儒家思想成为封建社会的正统思想，儒家思想中的“德治”得到大力提倡。德治思想通过统治阶级的大力提倡和儒家士大夫在州县的宣传和实践，对乡村治理起着潜移默化的作用。①

在于家石头村，除宗祠外，引人注目的是学校和秀才故居，现今还能看到的是村口的小学和为数不多的秀才之家。作为于家子弟，不论贫富，都可以在村中学校接受教育，不知当年规模大小，现在只剩下几间门房。

我们还发现这样一个现象：学校、秀才之家等，都建在村落建筑格局中较为突出的位置，均用大块山岩砌造，相较于周边民居来说高大不少，整齐宏伟又不失朴素沉稳。这些建筑之所以相对高大精美、位置显要，明显突出了教育和文化的地位。既要让村中学子感受到学习所带来的自豪感、责任心和神圣感，还要让他们看到大块石料建筑精美而不华丽，宏大而不居高临下，体现了先祖于谦一生清廉的人生信条对于家石头村教育理念的深厚影响。②

此外，村中还搭建了许多大大小小的戏台。戏台是受《整敕村规》影响所建，具有简便易行、关切现实、丰富精彩的特点。③ 据传 18 世纪中叶以后，于家石头村内一些人沾染上耍钱赌博、不劳而获的恶习，赌博不仅破坏了家庭的和睦，还败坏了于家石头村勤俭质朴的村风，于是当时的族长召集家族中的几位长辈，在清朝同治年间商议制定了禁止赌博的村规，即《整敕村规》。其中写道：赌博“耗资荡产，种种匪事皆为之，败风坏俗莫此为甚”，并且规定：由家族长派人组成小组，每天入户巡查，村人赌博一经抓获马上处理，需给村里“写戏一台，歌舞三日”。这种规定让参与赌博的村民既花钱又受教育，激发他的羞耻心，让他遵守村规，改过从善。因为戏文所唱的内容都是忠孝仁爱、礼义廉耻，一个人的羞耻心一旦被唤醒，就会改过自新。如若有由赌博发

① 高学强：《中国古代乡村治理的沿革及其历史镜鉴》，《中国社会科学报》2019 年 4 月 2 日。

② 姜鹏志：《留得清白在人间——明朝名臣于谦廉政小记》，《中国人事》1995 年第 4 期，第 46 页。

③ 孟明娟：《明清江南民俗中的戏剧活动研究》，苏州大学 2017 年博士学位论文。

展成偷盗的村民，就要把他逐出村外，并且不再承认他是于家的子孙。

村里的戏台至今还时常有剧团上台表演，讲述着这处古村落百年来质朴淳厚的民风故事。《整敕村规》以一种德治的教化方式激发赌博偷盗者的羞耻心，形成了和谐有序的乡村秩序，健全了古代乡村治理体系，对新时代实施乡村振兴战略，建立乡村现代道德秩序依旧具有启示意义。

三、法治：于家石头村治理的重要保障

前两个部分中提到的“家法”和规约，在我国古代很多村落都曾出现过并且产生了作用。但是与其他村落中的“家法”不同，于家石头村很早就产生了以实物碑刻为载体的村规民约。中国古代大部分村落中法治的作用远远不及德治，而在于家石头村中，法治与德治都是村落治理中不可或缺的手段。

在现今留下的于家石头村碑刻中我们发现了三块记载着村规民约的石碑，分别是《柳池禁约》《禁山林约》《整敕村规》。

《柳池禁约》碑刻

于家石头村南山上的蓄水池

《柳池禁约》在于有道第四世孙于强、于怀的带领下拟定，撰于清乾隆三十九年（1774）。井陉县地处太行山区，“平山不平，井陉无井”，这是对当地自然条件的生动写照。太行山缺水，于家石头村附近无河无溪，更无泉眼可供汲水。于是于家后人“凿池而饮”，在山坡低洼处挖出一个大坑，坑底、坑壁用石头砌筑，下雨的时候，雨水从山坡上流下汇集到水池里，通过这种方法，天上的雨水得以保存下来，以备人们日常生活所需。随着用水量增大，各家各户又在自家院内外修建水窖，在场边、院内打井。于氏五股在南山腰各挖蓄水池一个。按从大到小的顺序各为一月池、二月池、三月池、四月池、五月池。①为了使村民更合理地使用水池，《柳池禁约》规定：“每年挖池，按门出工，除独夫、孤子、寡妇、病家外，有失误者，一工罚钱五十钱”；因为饮水困难，挖井不易，为防止“门多人众，取水不公”，在水量分配上，“每家吃水许一瓮，取冰许两担，有多积者，一瓮水，罚钱五十，一担冰，罚钱二十。一切罚钱，池中公用”。②

于家石头村地处太行山深处，山多地少，明清时期村里生齿日繁，地狭人稠，食不足用。因此在清康熙三年（1664）村人制定了《禁山林约》，在石碑上刻下保护山林、禁止砍伐南山树木和在南山放牧的碑文。村规规定，谁动了南山草木就要受到严厉的惩罚。

于家石头村南山进山处的石碑

① 于秀书等：《于氏宗谱》，2012年，第29页。
② 于秀书等：《于氏宗谱》，2012年，第29页。

18世纪中叶以后，村里的一些人沾染上耍钱赌博、不劳而获的恶习，赌博不仅破坏了家庭的和睦，还败坏了于家石头村勤俭质朴的村风，于是当时的家族长召集家族中的几位长辈，在清朝同治年间商议制定了禁止赌博的村规，即《整敕村规》。也是从村规制定实施的那时起，于家石头村开始修建戏台，到今天为止，于家村已有六座戏台。

《整敕村规》碑刻

于家石头村内的戏台

村规是村庄共同体管理日常生活的规范，是于家石头村宗族社会中主导乡民生活的主要规则。首先，村规民约具有教化的作用，如《整敕村规》用戏曲来引导人们向善向好。其次，村规民约也对村民的行为具有一定的约束力，是村民共同遵循的行为规范。村民一旦触犯乡约，不仅会受到村里的处罚，更会被村人轻视甚至排斥，这使得村民不敢轻易犯规。最后，在于家石头村这样闭塞的村落中，由于自然环境的稳定性和小农经济的不易变更，村规民约也具有了超稳定性的特点，世世代代流传下来。

另外，于家石头村的村规民约具有文化传承的功能。于家石头村在先祖于谦的荫庇下，在敬祖崇德的乡村环境中，对于传承祖先精神、教化后人产生了十分重要的作用。

结　语

费孝通在《乡土中国》中指出："从基层上去看，中国社会是乡土性的。"① 在乡土社会中，乡村治理主要依靠的是经由教化养成的能使人产生敬畏感的"礼"，而不是政府施行的强制力，因而中国传统的乡村秩序就是一种"礼治秩序"。在于家石头村悠久的历史传承中，逐渐形成了以血缘为天然基础、宗祠为中心、乡村社会自治、德治和法治相结合的治理体系。

（指导教师：张殿清）

① 费孝通：《乡土中国》，北京大学出版社 2012 年版，第 26 页。

于家石头村传统石料建筑调查

王梦祺

相传天顺元年（1457），明代名臣于谦被冤杀后，于谦之子隐居井陉南峪村，留有三子：于有道、于东道、于南道。成化年间（约 1486 年），因生活所迫，于有道携家眷秘密迁居于这旷野深山隐居。“与木石居，与鹿豕游”，用石头搭房垒屋，造石具开荒种田，炊饮餐具全部用石头打凿而成，并在此繁衍生息，由几户人家发展成一个村落。这个石头村在四面环山的洼地，山峦环抱，绿树掩映，不到村头见不到人家。当走过弯弯曲曲的山路，走进这个村子，一下就置身于石头的世界：石桌石凳，石磨石碾，石楼石阁，石房石院，石街石巷，石桥石栏，就连村路也是古老的石头铺就的。① 在此过程中，我们使用激光测距仪量得石头房高度、正房窗户高度、胡同街道宽度等，并跟随讲解员了解了于家石头村的多处戏台以及戏台、水井、庙宇一同出现的原因。在走访过程中，我们发现一般农户与秀才屋的差异，同时于家石头村的建筑也极具个性，与太行山区其他村落有明显不同。

---

① 张金亭：《石头垒砌的人间——于家石头村探秘》，《档案天地》2014 年第 10 期，第 60—63 页。

清凉阁碑记

一、村落环境发展脉络

于家石头村位于太行山脉中段东侧，隶属河北省石家庄市井陉县于家乡，距石家庄市西南方向约 80 公里处。

相传天顺元年（1457），于谦被冤杀后，于谦之子隐居井陉南峪村，留有三子：于有道、于东道、于南道。成化年间（约 1486 年），因生活所迫，于有道携家眷迁居于此地，并在此繁衍生息。目前，这个石头村已有 1600 多口人，繁衍至今已有 24 代，村里 95%以上人口是于姓。“五百年来，于家人以勤劳的双手开山凿石，就地取材，利用丰富的石头资源，修成梯田，盖成房屋，雕成石器……营造了一个罕见的石头王国。全村一片石头天地，到处都是石头文化。整个村落在漫长的年代中，立基发券、垒墙盖屋、砌筑田坎等的建设均依据地貌展开，造就了形势独特、粗犷豪放由山地中生长而出的聚落。”①

二、实地调查结果

（一）普通民居

1. 墙体

普通民居墙体

外墙石头普遍约为 28 层，墙体下方多为红色或褐色的大块不规则石料，上方则为小而规整的青色石料，由下至上逐渐变得整齐有序。用手抚摸会感到石头特有的粗糙感，因长年累月风吹日晒，摸上去又有些许平滑质感。普通石质墙体的厚度介于 0.6—0.8 米之间，多为 0.7 米左右，比土坯墙稍厚。基本由天然石料垒砌而成，多为大块石料直接构成，少部分为小块石料垒成，墙体未经过多重打磨，保留了石块的原汁原味。

① 范霄鹏、兰传耀：《太行井陉于家石头村的田野调查》，《古建园林技术》2017 年第 2 期，第 47—50 页。

2. 房屋结构

正房窗户长约 1.5 米，宽约 1 米，外门高约 2.5 米。传统屋门与外窗形状为石块垒成的半拱形，具有典型华北地区山区民居的门窗特点。院内构造在普遍中带着些许独特。各家各户鳞次栉比，所盖房屋既有自然的共性，又包含着房主不同的风格。院内结构和房屋大小不一，粗略看向院内会觉得每户都是一样的构造，进去看后才会发现其中的差别。这是由于石料作为建材广泛应用于村庄，建筑材质相同，给人一种“全村一致”的错觉。但各家占地面积不同，院内摆设也不同。部分人家在院内种上果树寓意多子多福，也有面积较大的人家在院内设茶亭供客人歇息，富庶的人家还会修缮小楼，拥有二层建筑。而民居的屋顶也有所不同，以拱形、半拱形、平房为主要形状。普通石头房以石块排列累积而成，具有随心所欲的自然之美。正房与后院墙壁的石料也有所分别，后院墙体多用前文提到的不规则石料，而前院大多使用较为规则一致的大块石料，这充分体现出村民们纯朴的“装点门面”的思想。门面看上去要干净整洁，至于后院墙壁则可以更加随性自然一些，无须过多打磨修饰。

普通民居正房

3. 普通石头房与秀才屋的差异

第一，房屋面积不同。普通农户房多为单层，主屋高约两米，以四合院为主要形式，院内面积较小，略有逼仄之感，且窗子较小，在屋内感到阴暗，光线照射情况不好。而秀才屋则与之相反，村中的两个秀才屋占地面积约为普通农户的1.5倍，且外墙高于一般性建筑，均为双层复式建筑，窗户面积更大，采光更好，屋内更加通透明亮，外观上给人恢宏大气之感。普通农户的家门前仅有两三石阶，而秀才屋门前的石阶却有十阶上下，在此处也体现出了古代普通农户与秀才等仕人的等级差异。

秀才屋正房

第二，建筑用料不同。普通农户住房全部为石料建筑，且石头粗糙切面不齐，大小不一，所砌外墙也较低，约有两米高，墙面凹凸不平，起伏较大。秀才屋外墙高约三米，除地基为石料铺设而成外，还掺用了砖瓦作为建筑材料修葺房屋，使其显得更加平滑规整。院内房屋众多，屋内宽敞明亮。放眼整个石头村，使用砖混结构的房屋仅有零星几户，而这其中便有两个秀才屋。在于家石头村，砖瓦结构不仅是优质建筑材料，更是财富与地位的象征。顺着石阶登上秀才屋屋顶便可俯瞰整个石头村。近处大大小小的房屋错落有致，远处环绕着青山与梯田，颇有世外桃源之美。

（二）公共设施

石头村内几乎所有设施器物都由石头打造而成。大到贯穿整个村落的街道，小到居民家中的碗，处处都能看到石头的身影。

1. 街道

石头村共六街七巷十八胡同，长约 3500 米，石房石屋 4000 多间。东西为巷，南北为街，不通为胡同。村中道路的宽度并不规整，整体宽度在 1.5—3 米之间，其中街道最宽敞，巷子其次，胡同最窄。街道的石料来源多为各家各户盖房所剩余的边角料，形状不一，大小不一，就连质感也不一样。据村中老人讲，原本道路上是没有石料的，全部是坑坑洼洼的土路，雨天泥泞路滑，极其不好走，稍有不慎便会发生事故。于是当时的村干部便想到以石料铺路，加

街道

强稳固性，号召各家各户将废弃不用的石料收集起来，集体将这些边角料铺设在村中的道路上。自此，石板路更加方便了人们的出行，减少了安全隐患，同时也为村庄增添了一抹古朴又自然的风景。

2. 庙宇

在村落的中央便是石头村中最大的庙宇——观音阁。观音阁是两层楼阁，坐南朝北，前置戏楼，后及山川，右倚古道，左临桥涵，上砖下石，筒瓦重檐，上层观音庙，下层石洞门。① 观音阁的建筑用材是多种材质的结合，其底座为石质材料，所用石块可看出皆是精挑细选的，大小相近，打磨平整，下方

观音阁下部

① 范霄鹏、兰传耀：《太行井陉于家石头村的田野调查》，《古建园林技术》2017 年第 2 期，第 47—50 页。

拱门的半月形更是精细平整，从观音阁的底座还能够看出明显的石块纹路。观音阁上方的外围梁柱与围栏则是由砖瓦搭建而成，围栏处还设计了简朴的花样。观音阁内部使用了木质的梁柱，保留了其原有的风貌。这样，以石料为根基，以砖瓦为保护，以木材为内里，观音阁在这样三种材质的构建下留存至今，供奉的香火也未曾断过。

3. 戏台

观音阁的对面是戏台，建于清康熙十四年（1675）。戏台、戏场宽阔，是集会时的演出场所，也是全村的文化活动中心。戏台中间窗户上的雕刻为“福禄寿”三字的合体，可见于家石头村文化底蕴的深厚。在石头村，有庙阁的地方必然有戏台相对应，一般村庄仅有一个戏台甚至没有戏台，而石头村有六座戏台，现在保存完整的有五座，可谓是对村民文化建设非常重视。戏台的底座多为石块累积加固的，台梁与台柱选用了品质较好的木头作为支撑，后方的小屋采用了比较平整的石块进行搭建，与观音阁上层的建筑样式较为相似，整体朴素而美观。

石头村内共有五座保存完好的戏台，但其建筑规格却有所不同。观音阁对面的戏台是村内规格最大、使用最频繁的戏台，高度将近 4 米。而清凉阁对面的古戏台，规格却有所缩小，总高约 3 米，有半米高的地基，位置偏僻，少有人来此唱戏听戏，戏台内部也已积有尘土。

4. 水井

于家石头村中有两种水井，一种为散落在路边的，嵌在墙壁内的排水口与水井。排水口大约半米高，呈拱形，由较大石块搭建而成，因村落气候相对干旱，降雨量较小，排水口一般处于干涸状态。石头村中的水井多是受墙体遮挡，在墙体下方有一处长方体样凹陷，内部为井，仍为石块打造而成，不过今日大多水井已废弃，转而采用更加方便的现代化取水方式了。另一种则是在庙宇与戏台之间的水井。通过观察可以发现，庙宇与戏台同时出现之地必有一口水井，这种水井就是平常农村中最常见的水井了。据当地村民介绍，将水井设置在庙宇戏台中间有三个原因：一为祈福，传闻有水的地方便有福气，是纳福之地；二为纳凉，夏季炎热，前来听戏的村民众多，更加需要水井来降温纳凉；三为扩音，水有扩大音效的功能，方便将戏曲吟唱传得更加清楚。

排水口

水井

5. 清凉阁

清凉阁又称神仙阁，是石头村的标志性建筑。清凉阁始建于明万历九年(1581)，相传由力大无比的于喜春一人所建。《井陉县志料》曾载，清凉阁在县之南十五里的于家村，亦名清凉阁。“明万历九年，村民于喜春身大力强，家贫好义，独立兴修。至万历二十年，方砌成下层，及第二层修竣，即行病故。至第三层，系村民用木砖补葺。阁下层所砌之石，多达万余斤重。下层东面悬一石桌裙，上镌梅花鹿，工粗而雅。”①

放眼望去，清凉阁是一个小巧而古朴的建筑形象。石材垒砌错落有致，所用石块大小不一。最底层均为石料筑成，因年代久远已有了一些风化的痕迹，中间有一拱门，大致两米高，门洞内部多为大块石料堆砌而成，顶部还存有一小块碑记，是于喜春侄子于朝兴撰写的有关于喜春建造清凉阁事迹的文字。底层通往第二层的门洞为砖瓦结构，在整体由石头垒砌而成的一二层中间显得有

① 星岛：《河北井陉石头村：倾听坚硬的低吟浅唱》，《旅游纵览》2012 年第 7 期，第 82—85 页。

些过于规整，有后人修缮的痕迹。第三层为砖瓦结构，同样与一二层相比多了砖瓦的方正，少了石块的随性。

清凉阁

三、比较与分析

（一）于家石头村石头建筑与太行山其他石料建筑的比较

太行山区历史文化传统悠久，村落众多。在建筑文化上，住宅的布置方式大多以四合院为主。在民居形式上，北京地区、沁河流域与河南地区的村落以砖混结构的住宅为主，河北西部地区的民居多以木石结构的住宅为主，于家石头村便是的典型代表。而在汾河流域的村庄多以窑洞为主，建筑原材料多为砖瓦与土坯。

一般认为，河北省境内的太行山脉称为北太行，河南省境内的太行山脉称为南太行。北太行山地多为木石与砖混结构，而南太行山地盛产石料，当地村民就地取材，应用在民居建筑的多个位置上，形成了南太行地域性的石头民居建筑群。南太行传统民居除木构架之外，从基础到墙体大面积都使用了石材砌筑。

南太行传统聚落内部大多由石材砌筑，对石材的灵活运用是其明显特点。当地村民根据石材的性质使其发挥不同的作用。南太行地区最具特色的就是石头建筑，依据石材形成的状态可以将南太行地区的石头建筑分为石板房和石头房两种类型，而石板房又是南太行最有代表性的石头建筑。

虽同为石料建筑，但石板房的建造样貌与于家石头村的石头房存在着很大差别。用石头砌墙并用页岩薄片石覆顶的石头房称为石板房，石板房的建筑特征是用石块砌筑墙体，用石板覆盖屋顶。典型的石板房当属河南省林州市石板岩镇的传统民居，几乎是清一色的石板房。石板房在外观上与于家石头村的石头建筑有很大差异，可明显看出石板房所用石料均为较薄石片，多随意堆砌，而于家石头村的石头房相比之下显得更加整齐，所用石块体积也偏大。

（二）于家石头村石头建筑与现代建筑的结合

走在石头村的石子路上，偶尔会拐到巷子深处，有那么几家人将自家院子重新修缮了，将外墙重新打磨，形成了平滑规整兼具美观的墙体，把进门处装点得华丽又有气派，有的甚至在顶部贴了瓷砖，用建筑工艺将主屋改造成了更加现代化的二层小楼，户外的楼梯也换成了更为安全的铁质楼梯。这一户户的改变不仅体现了村民生活水平的提高，更反映了村民们审美的进步。在石头村最高的一户民居内，登上屋顶，可以将石头村的景色尽收眼底。远处为绵延的青山，近处为鳞次栉比的房屋小院，在这里纳凉赏景也不失为一种乡村乐趣。

于家石头村内的许多民居开发成了农家乐或茶馆，在院中盖一小亭，小亭内摆上一壶清茶，院内铺满各色的石子，散步时沙沙作响。用石头磨成各式各样的工艺品供往来游客挑选，再用茅草编成一盏灯，一灯如豆，却温暖了一方天地。在这里，饮酒、品茶、作画、赏月，似乎都是那么理所当然；在这里，仿佛无论做什么都会感到心旷神怡，悠然自得，只剩一轮明月与一杯好酒。

装修后的石头村民居

结　　语

坐落在太行山深处的于家石头村拥有较为传奇的历史背景，为村庄增加了历史厚重感，而其独特的地理位置又造就了于家石头村奇特的建筑风格。而这些石头，透过几百年的光阴，仍然向我们这些过往者诉说着它们从前的故事。

在于家石头村中遍地都是石头的身影，大约是因为依山而建才使得于家村内的石头如此之多。大到街道胡同，小到锅碗瓢盆，于家石头村仿佛就是因石头而生的。村中大部分传统民居都以石料为主要建筑材料，极少采用砖瓦结构的住房，另外居民也会将石头进行打磨加工，使之更加美观工整。

村中大大小小的公共设施也都由石头构成。观音阁的香火延续至今，一如既往地凝视着这座村庄；对面的戏台还在咿咿呀呀地唱着传统的曲调；那些水井或被更先进的取水方式取代，或仍然给前来听戏的人们带来一丝清凉；石头村的标志性建筑清凉阁，以它那神奇的传说与故事，吸引着一批又一批前来参观调研的人们。

石头村也是北太行地区比较有代表性的传统村落，是木石建筑的典型。与南太行地区颇具特色的石板房相比，虽用料相同，但外形和技艺却有所不同，各自有其独特的风格韵味。随着时代的发展，人民生活水平的提高，石头村的村民也开始改造自己的家园，古老与现代交织，绽放出从古至今最为闪耀的活力。这座村庄见证着岁月的变迁和时代的更迭，而未来将继续与这片土地、这些石头见证生活在这里的人民走向幸福。

（指导教师：张殿清）

于家石头村采访：传统院落背后的妇女力量

王若凡

一、于家石头村妇女生活变迁实录

第1例

1. 个人情况

采访人：王若凡

被采访人：武巧林

性别：女

出生年：1953年

籍贯：井陉县于家石头村

住址：井陉县于家石头村

2. 上学问题

（1）是否上过学？上学时用不用交学费？受教育程度如何？是否认字？

答：上过5年制小学，交学费，一年4元（贫困生2元）。当时学费都是直接交给老师，老师交给校长。我上完初中就不上了，当时我是贫困生，因为家里面穷交不起学费，能认识几个字就行了，会写自己的名字。我的哥姐也都早早不上学了，当时上完初中的很少，不敢再上了，没钱，该和家里人一起去地里挣工分了。

（2）上学时的环境如何，学校开设了哪些课程？上初中的男生多还是女生多？存在男女不平等现象吗？

答：一村一小学一老师，一到五年级一个老师管。以前科目分得不清晰。班级中女同学也不少，当时主要是家庭条件好的同学上初中。五年级主要科目是语文、算数、科学。

不存在男女不平等现象，上学的男生女生都不少。

3. 婚姻问题与孩子问题

（1）自由恋爱还是经人介绍？订婚后是否见面？

答：我是 20 岁结婚的，经人介绍的，俺们是属于换亲，因为我家太穷了，我哥哥娶了我孩子爸爸的妹妹，我换给了我孩子爸。换亲并没有多余的嫁妆。男方大女方 10 岁，不结婚不见面先领证，害羞怕别人笑话。当时长得好赖、条件好不好都是媒人两头传话，双方不见面。

（2）彩礼都包括什么？

答：我姐姐那时候要的彩礼是 200 元，对我们家来说不少了。家里条件好的可以给 200 元，条件不好的给 100 元。条件好不好都是经人介绍，不像现在自由恋爱。陪嫁 4 身衣服。

（3）结婚当天请吃饭吗？穿什么样的衣服？进行一些特定的仪式吗？

答：我们领证以后找一天请娘家人和男方家人吃饭，都是在自己家吃的，可没有像现在这样的大鱼大肉。当时就是穿一身新衣服，在颜色上不是非要红色，干净舒适就行。我们这里都是男方去新娘家里接女方，要是有自行车可以骑上自行车一起去接媳妇儿。

（4）生育年龄是多少？有几个孩子？是到医院接生还是接生婆？

答：我有两个小子一个闺女。我年轻的时候不计划生育，所以我兄弟姐妹多。24 岁时有了第一个孩子，没有剖腹产，去医院生产。我一直在家管孩子，孩子爸爸去地里干活。

（5）父母对自己的婚姻起了多大的作用？

答：自己的婚姻是换亲，女方哥哥娶了男方家的妹妹，女方则嫁给了男方。还有就是当时如果你看上哪家姑娘，可以回家和父母说，到了适婚年龄让父母找媒人去人家家里提亲。不管哪种形式，婚姻必须得到父母及家人的认可。换亲在当时还是比较少的，我家条件不好所以才换亲。

（6）结婚后回娘家频率高不高？自己去还是和丈夫一起去？你妈妈来你家看你吗？

答：结婚以后我经常回去，我父母亲还在的时候我经常买些东西带回去，自己都是出嫁的孩子了，回家得带上些吃的用的。大部分时候是我自己回去。我妈妈想我了我会接她来我家住。

4. 劳动问题

（1）集体化时期是否参加过田间劳动？当时挣几个工分？

答：不上学以后就开始挣工分了，当时分大队小队，不挣工分没有饭吃。一个工挣 10 分，当时一个工领 1 毛钱，1 毛钱是最高的工资啦。把那个工给你兑成钱。我年纪小，当时干一天，我比较能干，那时有人看着我们劳作，给我们评分。妇女最高的工分就是 7 分，当时我就是 7 分。婚后丈夫挣工分，自己在家不挣工分。

（2）当时有多少自留地？种什么？

答：我刚结婚时自留地有一亩左右，一般就是种山药，面积小一点的地方种菜。

（3）干的活多不多，累不累？你感觉你的生活较你母亲发生了什么变化？

答：我母亲那个年代小脚也下地干活，我们那时候都是大脚。我们那时候还算幸福，不用裹脚了，比之前自由了。

(4) 有没有工厂可以在里面打工？村里有没有企业？有没有除了种地的第二收入？

答：我年轻的时候工厂很少，要是在工厂上班那就是正式工，那是城里人。农村还是以种地为主，村里没有企业，俺们这里很偏，根本没有挣钱的地方。

(5) 你从什么时候感到生活比之前好一些了？你出去打过工吗？

答：从我结婚的时候，大概 20 岁，比我在家当闺女的时候好一些。改革开放后生活水平有明显提高。我就没有出去打工，一直在家看小孩，所以生活一直比较贫苦。我 30 多的时候还是没多少打工的地方，等我 50 多岁了才有较多打工的机会，但都是年轻的出去打工挣钱，我也没有力气出去了。

5. 娱乐活动

(1) 有没有娱乐活动？是怎样开展的？

答：最多的是唱戏。我们这儿都是村里搞宣传的去山西或其他村里学唱戏，回来给我们唱。还有就是于家村过年过庙会时候的特色节目，不过唱戏看戏是这里最主要的娱乐活动。

第 2 例

1. 个人情况

采访人：王若凡

被采访人：嬴素英

性别：女

出生年：1960 年

籍贯：井陉县于家石头村

住址：井陉县于家石头村

2. 结婚前的情况

（1）在集体时期是否要下地挣工分？

答：当时都得下地干活，还是女儿时，早晨 5 点左右开始，7 点多结束。除了母亲在家里做饭，剩下的都要去地里干活，家里小的也要挣工分。我就只挣人家二分工，早晨干完活吃完饭就去上学。

（2）年轻的时候是否出来打过工？种地可以解决一家人的温饱问题吗？什么时候感受到自己的生活变好了？

答：刚开始没有出去打工，就是这两年我们在城里做过一些买卖。听我妈妈说，过去吃不饱也吃不好。到了 1979 年修西岳渠，1980 年通水，才能用水浇地。于家村看似群山环抱，但山上没有泉水，以前就是靠天吃饭，通水后比之前好多了，粮食产量也比之前高多了。

（3）家里有几个孩子，有重男轻女现象吗？

答：当时家中五个姊妹兄弟，没有计划生育，家里面人多，吃饭的多，干活的也多。我有两个姐妹，两个兄弟。

（4）是否上过学？上学时用不用交学费？受教育程度如何？

答：上过高小，后来不读了，17 岁从高小毕业。我和同学一起勤工俭学去山上割白草，学费家里掏不起，都是用自己的劳动补，我们交到学校后，学校统一卖了充当学费。那时候有专门的放假时间让去割草，没人领着，都是我们自己上山去割草。

（5）家里兄弟姐妹的受教育情况如何？

答：姊妹兄弟 5 个，大姐姐上了一两年学就不念了，其余都是初中学历。家里不出学费，都是勤工俭学。

3. 结婚后的情况

（1）娘家离婆家有多远？自由恋爱还是经人介绍？父母在自己的婚姻中起了多大的作用？

答：我们都是经人介绍的，订婚后一年才结婚，那一年也就见过一面吧，订婚之前我们没有见过。我结婚比较晚，26 岁结婚，婆家就在隔壁村。

（2）丈夫家里兄弟姐妹的结婚情况如何？

答：我丈夫家里有 5 个兄弟，家庭还是比较困难，所以结婚比较难。他排行第三，当时 30 岁了才找着我，就是家里条件不好找媳妇难。

（3）结婚后回娘家频繁吗？什么时候去？

答：结婚后就第一年经常回去帮我妈干活儿，我有小孩后大家都忙呢，也就不常去了。自己家孩子去母亲家会麻烦母亲和兄弟家的孩子，不想给母亲添负担就逐渐去得少了。

（4）婚礼当天有什么值得留意的吗？宴请亲友的饭菜较 20 世纪五六十年代有什么变化？

答：当天就是新郎去半路上等着新娘，是经过测算八字算出一个最合适的时间段迎娶新娘子。当时不是最有钱的吃不起肉，都是家里常见的花菜、豆芽、土豆，这已经属于很不错的了。

（5）结婚后是女方做主还是男方做主？

答：我都是听我们掌柜的，结婚以后一直怕他，他比我大四岁，很强势，不过现在比之前强多了。

（6）结婚后是否分家？和公婆同住吗？

答：5 个孩子都结婚后就分家了，每家分了 2 间瓦房，别的也没什么可分的。不和公婆一起住。

（7）除种地之外，干过其他副业吗？

答：两人曾在城里干过一段时间的买卖，也就是近几年的事情，很累，但是得挣钱养活自己和孩子们。主要经济来源是自己的小店，小店主营汽车装饰，目前是二儿子在打理。

4. 有关孩子的情况

（1）结婚后有几个孩子？孩子结婚时的彩礼是多少？

答：两个孩子，都是男孩，二儿子先结的婚。二儿子是自由恋爱，六万八的彩礼加上一万多的三金，大概就是八万块。大儿子四年前结的婚，十万的彩礼再加上三金一共是十四万。

（2）生孩子时是新式生产还是旧式？

答：大儿子在医院生的，二儿子在家里生的。1986 年，在卫生所生产的费用是 200 多元。在家接生也是卫生所的人来，接生没有多少费用，到时买点东西送给接生的就行。

（3）生孩子时是否存在重男轻女思想？

答：当时我没想那么多，男孩女孩都行，我没有重男轻女的想法。当时计划生育特别严格，管事的妇女上门宣传不要多生孩子。

二、于家石头村采访的发现和感悟

近些年，传统村落越来越受到重视，它们不仅蕴含着丰富的历史文化价值，更让我们回归自然，更好地传承和弘扬中华优秀传统文化。在于家石头村的走访中，我们询问了于家石头村妇女的受教育情况以及田地劳作和婚姻习俗等方面的问题。太行山区的妇女问题存在普遍性，个别地区又具有特殊性，于家石头村是兼具普遍性和特殊性的古村落。在于家石头村的历史发展中，我们不能忽视石头村女性的贡献。

新中国成立以来，在中国共产党的领导下，妇女工作从“妇女解放”“男女平等”到“全面发展”，女性发挥了越来越重要的作用，在劳动参与、参政议政、体育运动、服饰文化等方面都可以看到女性的身影。

从地理位置来说，于家石头村位于井陉县城西南约 15 公里处，可以说四周被群山包围，环境是非常闭塞的，于家人在此生活了几百年，并且建造了具有五百多年历史的石头村。“不到村口不见村”是石头村的独特之处。全村有六街七巷十八胡同，全部用石头建造而成。从走访石头村的实地调查看，石头村面积不大，其中却处处透露着明代名臣于谦后裔的生活踪影和文化气息。于家石头村的整体特征主要有三大类：石头村的四合院建筑整整齐齐，地面和房屋大多用石头建成；一个村中有六处庙台，有时还有下乡的戏曲工作者免费为村民们唱戏；石头村除了打井使用地下水以外，还在半山腰位置建造了专门的水库。

在此我们不再多赘述于家石头村的其他特征，而把目光放在新中国成立后当地人尤其是妇女的婚姻和家庭生活上。

石头村女性在结婚之前是家里的主要劳动力，和父母、兄弟姐妹一起去生产队挣工分。结婚以后因为与丈夫组成了一个新的家庭，有一部分自主能力，可以自主决定自己是下地劳作还是在家做饭照顾孩子。大部分女性选择在家照顾老人和孩子。

在挣工分问题上，由于女性普遍身体素质较男性差一些，因此得不到和男性一样的工分。但是在于家石头村，并没有把女性的劳动力当成农田主力，而是更强调女性的参与度，这也反映出于家石头村在生产领域的男女平等。这与当时党的男女平等政策有关。

在婚姻领域，仍然是传统的父母之命、媒妁之言。由于闭塞的地理环境，于家石头村的婚恋观开化程度虽稍晚于太行山脉其他地区，但男女双方已经有部分自主权，如果男方或女方有心仪的对象，可以告诉父母。这是在传统婚恋模式下的婚姻进步情况。

于家石头村农田面积少，多山地和梯田，我们通过访谈得知，男性是最主要的田间劳动力，女性在田地上劳作的年龄段基本是 22 岁之前和 50 岁之后。22 岁之前，女性在未出嫁且不再接受教育的情况下只能帮助家庭去田地做工。改革开放后，家庭成员中具有务工能力的丈夫和儿女有更多的机会出门务工，因而土地的经营又转移到妇女手中。通过采访中得知，于家石头村妇女最高的工分就是七分，妇女在新中国成立后的农业生产发展中也起到了一定的积极作用。

在妇女受教育问题上，我们主要采访的是妇女的上学年龄及其所受教育的内容问题。我们进入于家石头村后首先看到的就是于家小学，可以看出于家石头村人很重视教育，这也是石头村经久不衰的奥秘之一，他们把先祖于谦的美好品质继承了下来。在新中国成立后的上学问题上，一位妇女表示，那时候的孩子都是一起上学，需要交一定的学费，学费形式多样，如学生会在春秋时上山割草充当学费，这种灵活的方式减轻了家长的学费负担。女性大多会完成小学学业，识字率随着时代的发展而不断增加。

古村落的保护与发展与当地政府和民众的重视息息相关，我们在实地了解中发现，于家石头村的古代遗迹以及相关人物故事和节日活动都保存得较好，文化底蕴丰厚。如果有幸再重新调研于家石头村，我希望可以看到更多新中国成立后有关妇女生活的资料。

实地调查研究初步体验：对我来说既新鲜又陌生，在调查过程中需要尊重当地的文化，实际交谈过程中又需要具备引导、安抚和交流的能力，我们还需要再锻炼。我也很感谢老师们的现场教学，使我学到了许多知识，这是传统课堂无法提供的学习体验。

（指导教师：刘洁）

附录：
于家石头村历史文化调研项目大事记

2020年12月13—14日，张殿清、衣长春、顾乃武、吕志茹、刘洁、范喜茹、彭小舟、左华、孙艳萍、张艳梅等10位老师赴石家庄地区调研拔尖人才教学实习实践基地，逐步启动搭建高质量创新实践平台工作，目的是建立一批优秀的有特色的教学实习实践基地。调研期间，调研团队就地召开了拔尖人才培养专题研讨会并成立了历史学院拔尖人才培养导师组，宣布和明确了导师组职能，进一步规划了2021年的五项主要工作任务。

2021年1月18日，学院借助本科生“毓秀教研讲坛”这一平台，推出“重回故乡——于家石头村调研项目解读会”，140多名大一、大二的同学，20余位老师参与了此次解读会。会上，张殿清教授对项目缘起、调研地点、调研选题和研究方向做了详细说明，为同学们指定了寒假阅读书目，并布置了以“寻找发现、回归展望”为主题的“重回故乡”2020—2021学年乡土历史文化调研活动。

教学副院长衣长春在会上分享了对此次调研主题的理解：故乡是社会学、人类学上所讲的田野，不仅要有书本上的理论知识，还要回归田野，进行实践；故乡是文化传统、文化符号。传统文化扎根乡土，藏于山水间。除了现在耳熟能详的国家级文化遗产，还有许多非物质文化遗产在故乡等待探索和发掘。故乡代表了温情与记忆。回到故乡，就要重拾记忆，这也为同学们指出了学习的目标、路径与态度。大家都是从故乡走来，带着历史学的使命重回故乡，发现更多的知识，寻找更多的记忆。将读书、实践、科研、创新有机结合，才能使同学们成长为高素质、复合型的拔尖创新人才。

肖红松院长做了总结发言，他指出“立德树人”是一个永恒的主题，同学们要把田野调查和“立德树人”紧密结合起来，要懂得书斋之外更有山水。整理地方文献、梳理地方文脉、完成研究报告，为我省历史文化的发掘与传承工作做出贡献。同学们要切实担负起历史研究服务地方社会的重任，历史研究要多考虑如何为地方经济社会建设服务，深挖历史遗产的时代意义和经济效益，助力我省经济发展，促进京津冀协同发展。同学们在寒假期间要通过走访调查，探寻故乡的特有文化现象、重要文化遗产和乡村传统习俗，以文字、图片、视频等多种形式完成 8000 字的调查报告，为即将开展的于家石头村调研项目预预热、练练手。

2021 年 3 月 20 日，导师组召开了 2020—2021 学年乡土文化调研活动推进会。会上，组长张殿清教授用“感动”“感谢”充分肯定了同学们的付出，并逐一指出了报告的缺点和改进点，鼓励同学们深度耕耘，早起步才能早收获。“深度”体现在要提高史料使用的深度，要提高分析问题的能力，要提升文字水平。

2021 年 4 月 22 日晚，以同学们的寒假调查报告为底本，“2020—2021 学年乡土历史文化调研成果交流会”如期举行。此项活动不仅总结交流了假期历史文化调研的成果，也完成了调研队成员的考察、遴选，为于家石头村调研项目的开展奠定了基础。

2021 年 7 月 1 日，“于家石头村历史文化调研项目”行前动员会顺利召开，标志着于家石头村调研项目正式启动。吕志茹教授做了专题讲座《口述资料的采集与整理》。

2021 年 7 月 3—4 日，师生 38 人分成 8 个调研小组，围绕宗族与村落、供水与排水系统、戏台与庙宇、太行山村落的共性与特殊性、古村落开发的困境与出路、民间传说与史书、抗日战争中的于家石头村、于氏家族女性婚姻问题八个方面进行了深入的走访、调查。

2021 年 8 月 28 日，于家石头村调研项目中期交流会召开。会议简洁、务实：总结初步成果、了解各调研小组史料整理的进度和存在的问题、规划下一步的工作重点和方向，以期加强师生交流与沟通，解决报告撰写过程中存在的问题。同学们则表示，虽然材料整理过程中存在着知识储备不足、时间不够充裕等困难，但是对调研形式及后期成果还是充满信心的，也会加倍努力。

2021 年 9 月 25 日，导师组召开项目推进会，交流、总结了暑期于家石头村调研报告的写作情况，统一思想和步调，形成一致意见，并做出了下一步工作规划。

2021 年 10 月 7 日，于家石头村调研报告成果交流会召开。会上，张殿清教授指出了调查报告基本符合调研项目规定的八大选题，涉及内容非常全面。通过这次教学实践，同学们由课堂走入了历史现场，近距离或直接接近史料、产生史料，圆满完成了此次调研的教学目标。有的同学在专业导师的指导下成功地做了口述史的文字搜集和展示；有的同学在行文中已经显示出了一定的学术意识。而同学们对《井陉县志》等材料的引用和标注，也说明同学们开始有了史学的严谨意识。这些现象都表明，此次调研活动不但帮助同学们提升了学术意识和水平，也进一步增强了导师组对这次活动的信心。下一步论文写作格式要规范，文字要精减、通顺，重合部分要剪裁，图片引用务必保证原创性和清晰度，脚注的注释务求规范。

如今，项目已进入收尾阶段。其间，张殿清、衣长春、顾乃武、吕志茹、刘洁、左华、范喜茹、彭小舟、孙艳萍、张艳梅等十位老师带领大一、大二的同学们克服了重重困难，冒严寒酷暑，行千余里路，开展了社会调研和田野调查。师生们的足迹遍布河北省的每个角落，从渤海之滨到太行山麓，从邯郸古城到皇帝行宫，从廊坊博物馆到西周燕下都遗址……在结合专业知识、爬梳大量文史资料的基础上，形成调查报告约 68 万字，其中于家石头村教学实践项目形成调查报告 20 余万字，包括论文总结、档案整理、口述采访稿件、图片影像资料等。念兹在兹，我们特将这些文稿集结成册，希望能永远留存，并作纪念。

2022 年 2 月